essentials

Essentials liefern aktuelles Wissen in konzentrierter Form. Die Essenz dessen, worauf es als „State-of-the-Art" in der gegenwärtigen Fachdiskussion oder in der Praxis ankommt. Essentials informieren schnell, unkompliziert und verständlich.

- als Einführung in ein aktuelles Thema aus Ihrem Fachgebiet
- als Einstieg in ein für Sie noch unbekanntes Themenfeld
- als Einblick, um zum Thema mitreden zu können.

Die Bücher in elektronischer und gedruckter Form bringen das Expertenwissen von Springer-Fachautoren kompakt zur Darstellung. Sie sind besonders für die Nutzung als eBook auf Tablet-PCs, eBook-Readern und Smartphones geeignet.

Essentials: Wissensbausteine aus den Wirtschafts, Sozial- und Geisteswissenschaften, aus Technik und Naturwissenschaften sowie aus Medizin, Psychologie und Gesundheitsberufen. Von renommierten Autoren aller Springer-Verlagsmarken.

Dieter Melchart • Stephan Gronwald

Gesundheitsförderung für kleine Unternehmen

Fakten und Praxistipps aus der
Lebensstilforschung

 Springer

Prof. Dr. Dieter Melchart
Klinikum rechts der Isar
Kompetenzzentrum Komplementärmed
Munich
Deutschland

Prof. Dr. Stephan Gronwald
Fakultät für Gesundheitswissenschaften
Technische Hochschule Deggendorf
Deggendorf
Deutschland

ISSN 2197-6708   ISSN 2197-6716 (electronic)
essentials
ISBN 978-3-658-11742-9   ISBN 978-3-658-11743-6 (eBook)
DOI 10.1007/978-3-658-11743-6

Die Deutsche Nationalbibliothek verzeichnet diese Publikation in der Deutschen Nationalbiblio-
grafie; detaillierte bibliografische Daten sind im Internet über http://dnb.d-nb.de abrufbar.

Springer
© Springer Fachmedien Wiesbaden 2016

Gedruckt auf säurefreiem und chlorfrei gebleichtem Papier

Springer Fachmedien Wiesbaden ist Teil der Fachverlagsgruppe Springer Science+Business Media
(www.springer.com)

Vorwort

Das Thema Gesundheit war noch nie so präsent wie heute. Täglich wird man mit Meldungen konfrontiert zu ständig steigenden Ausgaben im Gesundheitswesen, immer mehr Pflegefällen, gravierendem Anstieg der psychischen Erkrankungen und einem alarmierenden Gesundheitszustand bei Kindern und Jugendlichen.

Man fragt sich, wie die Situation noch in den Griff zu bekommen ist, angesichts der Tatsache, dass noch nie in der Geschichte der Bundesrepublik so viel Geld für Gesundheit zur Verfügung gestanden hat. Doch trotz dieser Tatsache, ist der Gesundheitszustand der Deutschen so schlecht wie nie zuvor.

In diesem Zusammenhang erscheinen die ständigen Aufforderungen der Politik nach mehr Prävention und Eigenverantwortung wie ein Verschiebebahnhof der Verantwortung. Zur weiteren Verwirrung, gerade für kleinere Unternehmen, dürfte auch die Änderung des Arbeitsschutzgesetzes im September 2013 beigetragen haben, wo dem Unternehmer weitere Verpflichtungen in Sachen Gesundheitsschutz der Mitarbeiter auferlegt worden sind.

Leider ist es dem Gesetzgeber und der Politik (noch) nicht gelungen, die große Chance, die in dieser Veränderung liegt, den Unternehmern und den Menschen zu vermitteln. Was in der Öffentlichkeit primär wahrgenommen wird, ist eine weitere Auflage, eine weitere Pflicht, die erfüllt werden muss, jedoch wird einmal mehr vergessen darzustellen, dass diese Neuerungen mit einem völlig neuen Bild von Gesundheit und Gesundheiterhaltung in unserer Gesellschaft verbunden sind. Waren bislang nur Ärzte und die Medizin für unsere Gesundheit und deren Beurteilung „verantwortlich", kommt es durch eine neue allgemein verständliche Modellsicht dazu, dass Zusammenhänge unseres täglichen Lebens und Arbeitens mit in die Entstehung von Belastungen und Erkrankungen einbezogen werden. Dies hat zur Folge, dass in der Tat jeder Einzelne, jeder Betrieb und jede Gemeinschaft viel mehr Möglichkeiten bekommen, an der Gesunderhaltung mitzuwirken.

In der vorliegenden Broschüre werden die Zusammenhänge und Abhängigkeiten schlüssig und allgemein verständlich dargestellt. Das Begreifen und Verstehen der Hintergründe wird dazu führen, dass immer mehr Menschen gerne Verantwortung und Entscheidungen für die Gesundheit übernehmen werden.

Für Unternehmer und Betriebsinhaber soll erreicht werden, dass sie zum einen die gesetzlichen Auflagen in Bezug auf den Gesundheitsschutz ihrer Mitarbeiter verstehen und beruhigt erfüllen können, zum anderen aber erkennen, dass darin für den eigenen Betrieb eine große Chance liegt, Arbeitszufriedenheit, Leistungsbereitschaft, Betriebsklima und damit Wirtschaftlichkeit zu steigern.

Fazit und Tipp
Nur über das Verstehen der Zusammenhänge und einer persönlichen Auseinandersetzung kommt man zu einem authentischen Arbeits- und Gesundheitsschutz für sich und seine Mitarbeiter.

Prof. Dr. med. Dieter Melchart
Prof. Dr. phil. Stephan Gronwald

Inhaltsverzeichnis

1   Einführung: Zusammenhang Work-Life-Balance
    und Gesundheitsförderung 1
    1.1   Salutogenese: Wie entsteht „Gesundheit" 1
    1.2   Ansatzpunkte für Gesundheit 2
          1.2.1   Ansatzpunkt: Körper und Psyche 2
          1.2.2   Ansatzpunkt: Anerkennung und Wertschätzung 3
          1.2.3   Ansatzpunkt: Soziale Beziehungen und Kontakte 4
          1.2.4   Ansatzpunkt: Wissen, Können, Werte und Ziele 5
    1.3   Bedürfnisse stehen im Fokus 6
    1.4   Zusammenhang Arbeit, Leben und Gesundheit
          (Work-Life-Balance) 8
    Literatur 9

2   Was sind die zentralen Bestandteile von Gesundheitsförderung? ... 11
    2.1   Die (Gesundheits-)Verpflichtungen eines Betriebes 12
          2.1.1   Arbeitsschutz und betriebliche Gesundheitsförderung 13
          2.1.2   Betriebliche Eingliederung und individuelle
                  Gesundheitsförderung 16

3   Auswirkungen und Nutzen von Gesundheitsförderung 19
    3.1   Beispiele für Auswirkungen auf betrieblicher Ebene 19
          3.1.1   Missachtung von Anerkennung, Wertschätzung
                  und Belohnung (Gratifikation) 19
          3.1.2   Kritisches Führungsverhalten 20
    3.2   Beispiele für Auswirkungen auf individueller Ebene 22
          3.2.1   Auswirkungen von Zivilisations-
                  und Wohlstandserkrankungen 23
          3.2.2   Auswirkungen psychischer Erkrankungen 23
    Literatur 27

4   Typische Problemstellungen in kleinen und
**   mittelständischen Unternehmen** 29
  4.1   Vernachlässigung betrieblicher Prävention 29
  4.2   Vernachlässigung sozialer Prävention – Krankheit und Pflege 30
  4.3   Gefährliche Einstellung zum Thema Sucht 30
  4.4   Vernachlässigung der Gefährdungsbeurteilungen 32
  4.5   Geringe Kooperationsinteressen mit Ärzten 33
  Literatur 34

5   Handlungsempfehlungen zur Gesundheitsförderung 35
  5.1   Der Einstieg in die betriebliche Gesundheitsarbeit –
        Die Gefährdungsbeurteilung 35
  5.2   Das praktische Vorgehen in kleinen und mittleren Betrieben 37
        5.2.1   Der grundlegende Ablauf 37
        5.2.2   Der anerkennende Erfahrungsaustausch 38
        5.2.3   Der gemeinsame Verbesserungsprozess 40
  5.3   Umgang mit älteren Mitarbeitern 41
        5.3.1   Qualität der Arbeit im Alter 43
        5.3.2   Arbeitsmodell im Alter: Selektion, Optimierung
                und Kompensation 45
  5.4   Wandel der Führungsorientierung 46
  5.5   Kooperation mit den Sozialversicherungen 47
  Literatur 52

6   Fördermöglichkeiten für kleine und mittlere Unternehmen 53

Was Sie aus diesem Essential mitnehmen können 55

Zum Weiterlesen: Informationsbroschüren und -hinweise 57

Abkürzungsverzeichnis

ArbSchG	Arbeitsschutzgesetz
ASiG	Arbeitssicherheitsgesetz
BAK	Bundesarbeitskammer Österreich
BAUA	Bundesanstalt für Arbeitsschutz und Arbeitsmedizin
BEM	Betriebliches Eingliederungsmanagement
BG ETEM	Berufsgenossenschaft Energie Textil Elektro Medienerzeugnisse
BG	Bau Berufsgenossenschaft Bau
BG RCI	Berufsgenossenschaft Rohstoffe und chemische Industrie
BKK	Betriebskrankenkasse
BMBF	Bundesministerium für Bildung und Forschung
BUK	Bundesverband der Unfallkassen
DGB	Deutscher Gewerkschaftsbund
DGUV	Deutsche Gesetzliche Unfallversicherung
DRV	Deutsche Rentenversicherung
ESF	Europäischer Sozialfonds
GCD	Gründercoaching Deutschland, Förderprogramm
GDA	Gemeinsame Deutsche Arbeitsschutzstrategie
HWK	Handwerkskammer
ICF	International Classification of Functioning, Disability and Health (ICF) ist eine Klassifikation der Weltgesundheitsorganisation (WHO). Die deutschsprachige Übersetzung: Internationale Klassifikation der Funktionsfähigkeit, Behinderung und Gesundheit
ICD	Internationale statistische Klassifikation der Krankheiten und verwandter Gesundheitsprobleme
IGM	Individuelles Gesundheitsmanagement
INQA	Initiative Neue Qualität in der Arbeit
KFW	Kreditanstalt für Wiederaufbau

ROI   Return on Invest
SGB   Sozialgesetzbuch
VBG   Verwaltungsberufsgenossenschaft
WISO   Zeitschrift vom Institut für Sozial- und Wirtschaftswissenschaften
           (ISW) Österreich

Einführung: Zusammenhang Work-Life-Balance und Gesundheitsförderung

1.1 Salutogenese: Wie entsteht „Gesundheit"

Beherrschte noch bis vor kurzem die Lehre von der Entstehung der Krankheiten (Pathogenese) die Medizin, dominieren jetzt immer mehr die Ansätze mit der Frage im Zentrum, was einen Menschen gesund erhält oder wie Gesundheit entsteht (Salutogenese). Was auf den ersten Blick aussieht, wie der Austausch zweier Fachwörter oder eine Wortspielerei, hat aber gerade für die Themen Verantwortung und Beeinflussbarkeit enorme Auswirkungen. Hatte früher der Arzt die alleinige Definitionsmacht für Krankheiten, diese zu diagnostizieren, Behandlungen zu bestimmen und durchzuführen, erkennt die moderne Sichtweise viele Einflussfaktoren an, die im Wesentlichen und in vielen Fällen durch das Individuum selbst beeinflusst oder verändert werden können. Ein weiterer gravierender Unterschied in den Modellen ist der Umgang mit Einschränkungen, die durch Krankheiten oder Überbeanspruchung entstehen. Im ursprünglichen Modell überwog eine Defizitsicht, das hieß, wenn eine Heilung nicht möglich war, definierte man eine Einschränkung oder gar Behinderung. Das neue Modell von Gesundheit[1] sucht nach Ressourcen, die vorhanden sind oder die gezielt aufgebaut werden können, um ein Defizit auszugleichen und eine weitere volle Teilhabe am Leben und Erwerbsleben zu ermöglichen. Und in diesem Zusammenhang kann erstmals die große Chance erahnt werden, die im Ansatz der Salutogenese liegt und zwar für alle Beteiligten, den Betroffenen, den Arbeitgebern, der Familie und auch den Kostenträgern im Krankheitsfall. Diese übergreifende Bedeutsamkeit fordert geradezu eine intensive Auseinandersetzung mit Inhalten, Möglichkeiten und der Beeinflussbarkeit.

---

[1] Angelehnt an das WHO Modell der ICF – Internationale Klassifikation der Funktionsfähigkeit, Behinderung und Gesundheit.

© Springer Fachmedien Wiesbaden 2016
D. Melchart, S. Gronwald, *Gesundheitsförderung für kleine Unternehmen,*
essentials, DOI 10.1007/978-3-658-11743-6_1

Tab. 1.1 Ansatzpunkte für Gesundheit

Ansatzpunkte für Gesundheit			
Körper und Psyche	Anerkennung und Wertschätzung	Soziale Beziehungen	Wissen, Werte, Können, Ziele

1.2 Ansatzpunkte für Gesundheit

Reduziert auf das Wesentliche sind es vier Bereiche (Kontexte), die wissenschaftlich nachweisbar Gesundheit, Wohlbefinden und Leistungsfähigkeit eines Menschen beeinflussen. Alle wissenschaftlichen Modelle, Untersuchungen und Studien basieren im Wesentlichen auf Beobachtungen und Erkenntnissen im Zusammenhang mit diesen vier Bereichen (Tab. 1.1).

1.2.1 Ansatzpunkt: Körper und Psyche

Sind die Grundfunktionen des Körpers und des Geistes im Vollbesitz ihrer Kräfte, stellen sich für den Menschen ein subjektives Wohlbefinden und eine objektiv messbare Leistungsfähigkeit ein. Die Grundlagenforschung in der Medizin liefert valide Werte, welche die Funktionalität der Organe beurteilen. Abweichungen dieser Werte dienen in den modernen Ansätzen als Anzeiger (Indikatoren), dass es zu einer Fehlbeanspruchung gekommen ist, die sowohl aus einer Über-, aber auch aus einer Unterforderung kommen kann. Mögliche Ursachen oder Verbindungen können sich dann aus einer Betrachtung und Beurteilung der anderen Ansatzpunkte (Kernbereiche) ergeben. Für eine Intervention, Behandlung oder Veränderung ergibt sich so ein mehrdimensionaler Ansatz. Wobei betont werden muss, dass immer durch eine professionelle medizinische Begutachtung schwerwiegende Grunderkrankungen abgeklärt werden müssen.

Der praktische Bezug
Als Beispiel dürfen hier die Rückenerkrankungen angeführt werden. Man weiß heute, dass ca. 90 % der Rückenerkrankungen idiopathisch (ohne fassbare Ursache) sind. Werden aber Beanspruchungen aus den anderen Bereichen mit analysiert, z. B. andauernde Probleme in sozialen Beziehungen (Mobbing), kann der Rücken lediglich das Ventil für diese permanente Überforderung sein (Tab. 1.2).

Tab. 1.2 Messbare Größen am Ansatzpunkt Körper und Psyche

Ansatzpunkt Körper und Psyche

Körpergröße und Gewicht, Body Mass Index	Diabetes mellitus	Psychische Überbelastung (Stress)	Stoffwechsel-parameter (Fettstoffwechsel)
Beschwerden Herzkreislauf	Beschwerden Rücken- und Gelenke	Mehrfach Risiken	Rauchen
Schlaf	Regeneration		

1.2.2 Ansatzpunkt: Anerkennung und Wertschätzung

Der Bereich der Anerkennung stellt in der Forschung einen der wesentlichen Faktoren dar, die zu einer Gesunderhaltung (Salutogenese) beitragen. Ein viel beachtetes Modell in der Arbeitswissenschaft ist das „Modell beruflicher Gratifikationskrisen" von Siegrist (Siegrist 1998). Ein Missverhältnis zwischen beruflicher Verausgabung und dafür erhaltener Belohnungen führt zu Stressreaktionen. Die Belohnungen (Gratifikationen) sind über Geld, Wertschätzung und die berufliche Statuskontrolle (Aufstiegschancen, Arbeitsplatzsicherheit und ausbildungsadäquate Beschäftigung) zu erzielen. An diesem Beispiel sieht man die Wichtigkeit einer Statuserhebung zum Thema Anerkennung, Belohnung oder Gratifikation in einem Unternehmen, denn ein andauernder Zustand der Unzufriedenheit führt unweigerlich zu folgenschweren Einschränkungen und auch Krankheiten.

Der praktische Bezug
In diesem Kernbereich spielen auch die Bewertung und Beurteilung der Arbeitsaufgabe und des Arbeitsinhaltes eine große Rolle. Wesentlichen Einfluss auf die Gesundheit haben die Vollständigkeit einer Aufgabenstellung, die Anforderungsvielfalt, die Möglichkeit zur sozialen Interaktion, die Autonomie in der Tätigkeit und die Lern- und Entwicklungsmöglichkeiten.

Das Thema darf aber nicht auf die Arbeitswelt isoliert gesehen werden, auch im privaten Bereich spielen Anerkennung, Akzeptanz und auch der Status eine wichtige Rolle.

Ein Mangel in diesem Kernbereich führt erwiesenermaßen nicht nur zu körperlichen und psychischen Symptomen, sondern hat folgenschwere Auswirkung auf das Thema Arbeitszufriedenheit, Motivation und die Bereitschaft, sich für das Unternehmen einzusetzen (Tab. 1.3).

Tab. 1.3 Messbare Größen am Ansatzpunkt Anerkennung und Wertschätzung

Ansatzpunkt Anerkennung und Wertschätzung		
Führungskultur	Arbeitsinhalt	Arbeitszufriedenheit
Arbeitsplatzsicherheit	Unternehmenskultur	Psychische Überbelastung (Stress)

1.2.3 Ansatzpunkt: Soziale Beziehungen und Kontakte

Intakte soziale Beziehungen sind eine enorme Kraftquelle, das gilt sowohl für die privaten, als auch für die beruflichen Beziehungen. Der Forscher James S. House (1988, 2001) fasst die Tatsache so zusammen: „Der relative Mangel an sozialen Beziehungen stellt einen hauptsächlichen Risikofaktor für die Gesundheit dar." Zudem kommt es zu einer Wechselwirkung zwischen dem Privat- und dem Arbeitsleben über die Qualität der sozialen Beziehungen.

Es gilt folglich klar herauszuarbeiten, wo ein Bereich auf den anderen Bereich Störungen verursacht. So werden überzogene Arbeits- und Arbeitszeitanforderungen Auswirkungen auf das Familienleben haben und damit langfristig dafür sorgen, dass es nicht zu regenerativen und erholenden Prozessen kommt, die unbedingt für die Bereitstellung einer hohen Leistungsfähigkeit im Beruf notwendig wären. Umgekehrt können auch private Belastungen die Leistungsbereitschaft einschränken. Frühwarnsysteme müssen sowohl in der einen wie in der anderen Richtung Hinweise geben, um rechtzeitige Gegenmaßnahmen einleiten zu können. Neben den Frühwarnsystemen, die von außen beeinflussende Hindernisse beschreiben, muss eine Einschätzung des individuellen Stellenwertes sozialer Beziehungen erfolgen.

Eine zentrale Beurteilungsmöglichkeit für soziale Beziehungen ist die Kommunikation, sowohl in Bezug auf das Verständnis der Menschen untereinander, aber auch auf die Zielsetzungen des Unternehmens oder auch den offenen Umgang mit Problemen, Kritik und Krisen.

Der praktische Bezug

Eine wesentliche für die Fragen für die Qualität der Beziehungen im Unternehmen ist die Führungskraft und der Führungsstil. Bewertungen dieser Fragestellungen führen dazu, dass Maßnahmen der Personal- und Führungskräfteentwicklung mit den erkannten Notwendigkeiten gefüllt werden können. Ausgehend von der Tatsache, dass ein Mensch durch die Möglichkeit der sozialen Interaktion und Beteiligung Zufriedenheit und Wohlbefinden erlangt, ist es im betrieblichen Kontext auch zu erfragen, ob und inwieweit die Möglichkeit zur Partizipation, zur Mitbestimmung und Mitentwicklung besteht (Tab. 1.4).

Tab. 1.4 Messbare Größen am Ansatzpunkt Soziale Beziehungen

Ansatzpunkt Soziale Beziehungen

Work-Family-Balance	Betriebsklima	Kommunikation	Lebensstil
Führungskultur	Partnerschaft	Partizipation	Lebenszufriedenheit
Soziale Unterstützung			

1.2.4 Ansatzpunkt: Wissen, Können, Werte und Ziele

Geht man nach dem theoretischen Modell der Salutogenese nach Aaron Antonovsky, dann stellt dieser Kernbereich die wichtigste Ressource der menschlichen Gesundheit dar. Antonovsky spricht von der Bedeutsamkeit (meaningfullness). Und dies beweist sich bis ins hohe Alter, wie Studien (Boyle et al. 2009) belegen konnten: „Sich neuen Herausforderungen zu stellen, ist unser wichtigstes Lebenselixier. Sich Ziele zu setzen und sie zu verfolgen, verbessert die Gesundheit bei Rentnern, reduziert dadurch deren Sterberate und vermindert insbesondere ihr Alzheimer-Risiko".

Oder anders ausgedrückt, der Mensch muss von der Sinnhaftigkeit seines Tuns überzeugt sein. Für die qualitative Beurteilung ist es also wichtig, ob Ziele klar definiert und kommuniziert sind. Ferner, ob die Fähigkeiten des Einzelnen ausreichen, diese Ziele erreichen zu können. Das Konstrukt, das in diesem Zusammenhang beurteilt wird, nennt man „Selbstwirksamkeit". Für jedes Unternehmen muss es von höchstem Interesse sein, auf eine große Selbstwirksamkeit der Mitarbeiter zurückgreifen zu können. Die enge Verbindung zur Arbeitsaufgabe, zum Thema Gratifikation und Führung wurde in den voranstehenden Kapiteln bereits erläutert (Tab. 1.5).

Tab. 1.5 Messbare Größen am Ansatzpunkt Wissen, Werte, Können und Ziele

Ansatzpunkt Wissen, Werte, Können und Ziele

Selbstwirksamkeit (*„Traue ich mir das zu, was von mir verlangt wird?"*)	Kommunikation (*„Wird offen, klar und ehrlich kommuniziert?"*)
Lern- und Entwicklungsmöglichkeiten (*„Kann ich mich weiterentwickeln?"*)	Lebenszufriedenheit (*„Wie wirken sich die Anforderungen auf meine Zufriedenheit aus?"*)
Gesundheitsverhalten (*„Verhalte ich mich so, dass es mir und meiner Gesundheit gut tut?"*)	Gesundheitskompetenz (*„Ich weiß, was ich für meine Gesundheit und meine Zufriedenheit tun muss."*)

Der praktische Bezug

Stellgrößen für die Qualität der Selbstwirksamkeit sind Lern- und Entwicklungsmöglichkeiten, aber auch Rückmeldungen zu Handlungen, Leistungen und Resultaten und individuelle Kompetenzen, die über die Arbeitswelt hinaus sicher durch eine bewusste Lebensführung beeinflusst werden können. Also zu wissen, was zur individuellen Lebenszufriedenheit beiträgt und in welchem Bereich Defizite sind.

Untrennbar verbunden mit der Lebensführung sind auch das individuelle Gesundheitsverhalten und die Gesundheitskompetenz. Defizite in diesem Bereich können durch Maßnahmen des individuellen Gesundheitsmanagements wirkungsvoll beeinflusst werden.

1.3   Bedürfnisse stehen im Fokus

Der kleinste gemeinsame Nenner dieser Theorie liegt in der Beachtung und Erfüllung unserer Bedürfnisse. Jeder Mensch ist ein „bedürftiges" Wesen, das bedeutet, er stellt Anforderungen an sich, seine Mitmenschen und Umwelt. Er erwartet darauf eine Antwort in Form von Ressourcen (Unterstützung, Hilfe, Bestätigung). Erfahren diese Bedürfnisse keine Beantwortung und dies womöglich noch über eine lange Zeit kommt es zu einer körperlichen oder psychischen Reaktion. Kurz gesagt, es kann aus einer mangelnden Befriedigung von Bedürfnissen Krankheit entstehen (Tab. 1.6).

Tab. 1.6 Bedürfnisse (interne Anforderungen). (Becker 2006)

Grundbedürfnisse des Menschen	Beispiele
Physiologische Bedürfnis	Nahrung, Atmung, Sexualität, Schlaf, Bewegung
Explorationsbedürfnis	Neugier, Suche nach Abwechslung
Bedürfnis nach Selbstaktualisierung	Fähigkeiten entfalten, gemäß Temperamentsanlagen und Interessen leben, Wachsen, Veränderung
Bedürfnis nach Orientierung	Verstehen, Vorhersehen, Ordnung, Stabilität, Kontrolle haben
Bedürfnis nach Bindung und Liebe	Nähe suchen, Kontakte pflegen, Freundschaft, bei sich sein
Bedürfnis nach Achtung und Wertschätzung	Beachtung, Ansehen, Anerkennung, Einfluss, Macht, Selbstdurchsetzung, Selbstachtung

Der praktische Bezug

Im Folgenden soll nun der Zusammenhang zwischen Bedürfnisanforderung und Befriedigung in Verbindung mit der Arbeitswelt dargestellt werden. Aus der direkten Gegenüberstellung von Bedürfnissen und den erwarteten Antworten (Ressourcen) oder Nichtantworten (Defiziten) wird das gesamte zugrunde liegende Modell noch einmal deutlich und verständlich. Zudem erschließen sich sofort die Möglichkeiten auf die Gesundheit (Bedürfnisbefriedigung) eines Menschen, eines Mitarbeiters oder von sich selbst Einfluss zu nehmen (Tab. 1.7).

Tab. 1.7 Externe Ressourcen und Defizite. (Becker 2006)

Grundbedürfnisse des Menschen	Ressourcen aus der Arbeitswelt	Defizite aus der Arbeitswelt
Physiologische Bedürfnisse	Ergonomischer Arbeitsplatz	Lärm, Staub, Hitze, Kälte
		Schichtarbeit
		Fehlende oder zu kurze Arbeitspausen
Explorationsbedürfnis	Verfügbare Wissensquellen	Monotone Tätigkeit
	Interessante Arbeit	
Bedürfnis nach Selbstaktualisierung	Herausfordernde berufliche oder schulische Aufgaben	
	Gutes (Weiter-) Bildungssystem	
Bedürfnis nach Orientierung	Sicherer Arbeitsplatz	Gefährliche Arbeitsbedingungen
	Angemessene Belohnung	
	Klare Aufgaben	Geringe Kontrolle über die Arbeit
		Unklare Verantwortung
Bedürfnis nach Bindung und Liebe	Gute soziale Beziehungen zu Kollegen und Vorgesetzten	
Bedürfnis nach Achtung und Wertschätzung	Wertschätzung am Arbeitsplatz	Schlechtes Betriebsklima
		Defizite wirken gegen das Bedürfnis

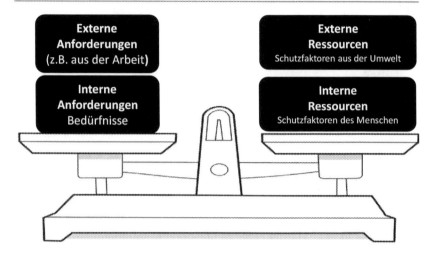

Abb. 1.1 Balancierung von Anforderungen und Ressourcen. (eigene Darstellung nach Becker)

1.4   Zusammenhang Arbeit, Leben und Gesundheit (Work-Life-Balance)

Vielfach wird über die Sinnhaftigkeit des Begriffs „Work-Life-Balance" diskutiert, da sich natürlich die Frage aufdrängt, ob denn nicht die Arbeit auch ein Teil unseres Lebens ist und es somit nicht korrekt ist, diese beiden Begriffe in die Balance bringen zu müssen. Nach dieser ausführlichen Darstellung der wissenschaftlichen Grundlagen kann eine schlüssige Verknüpfung zwischen den Begriffen Arbeit, Gesundheit und Leben hergestellt werden.

Es geht darum, dass die Gesetzmäßigkeiten des Lebens, allen voran die Bedürfnisse auch im Bereich der Arbeit Beachtung und Befriedigung erfahren. Übertragen gesprochen – es muss das Ziel sein, die Anforderungen der Arbeit und die Anforderungen eines Mitarbeiters mit den richtigen Ressourcen in die Balance zu bringen (Abb. 1.1).

Fazit und Tipps
Machen Sie doch einmal den Versuch, bei Problemstellungen oder Differenzen mit ihren Mitarbeitern oder aber auch im privaten Kontext zuerst einmal abzuwägen oder auch zu erfragen, welche Nichtbefriedigung eines Bedürfnisses zu dieser Störung geführt hat. Sie werden überrascht sein, welche

Reaktionen sich nicht nur bei Ihrem Gesprächspartner, sondern vor allem bei Ihnen selbst ergeben. Dieser erste Perspektivenwechsel stellt meist den Einstieg in eine nachhaltige und zufriedenstellende Problemlösung dar. Und nicht zu vergessen, damit machen Sie bereits (betriebliche) Gesundheitsförderung.

Literatur

Siegrist, J. (1998). Berufliche Gratifikationskrisen und Gesundheit – ein soziogenetisches Modell mit differentiellen Erklärungschancen. In J. Markgraf, J. Siegrist, S. Neumer (Hrsg.), Gesundheits- und Krankheitstheorie? Saluto- versus pathogenetische Ansätze im Gesundheitswesen (S. 225–235) Berlin: Springer.

House, J.S. (1988). Social isolation kills, but how and why? Psychosom Med V. 63, 2001, S. 273 ff.

House, J.S. (2001). Social isolation kills, but how and why? Psychosom Med 63:273–274

Boyle, P.A. et al. (2009). Purpose in life is associated with mortality among community-based older persons. Psychosomatic Medicine V. 71, S. 574–579

Becker, P. (2006). Gesundheit durch Bedürfnisbefriedigung. Hogrefe Verlag Göttingen. ISBN-10: 3-8017-2029-2

Was sind die zentralen Bestandteile von Gesundheitsförderung?

Den entscheidenden Part in einem Gesamtkonzept stellt der Betrieb selbst dar. Dieser muss sich mit den Möglichkeiten auseinandersetzen, die durch die Gesetzgebung gegeben sind oder sich in dieser Hinsicht kompetent beraten lassen, um auf alle Eventualitäten zwischen Gesundheit (Arbeitsfähigkeit) und Krankheit (Fehlzeiten) reagieren zu können.

Die beschriebene Modellsicht (siehe Punkt 2.) ist nun für alle Sozialversicherungsträger und Institutionen identisch und bindend. Das bedeutet, dass von den Verpflichtungen aus dem Arbeits- und Gesundheitsschutz, der in der Verantwortung der Berufsgenossenschaften steht, den Präventionsleistungen und den Leistungen im Krankheitsfall durch die Kranken- bzw. Rentenversicherungen bis hin zu den Unterstützungsleistungen der Agentur für Arbeit und der Integrationsämter sehr viele Möglichkeiten zur Verfügung stehen und in allen Bereichen kompetente Ansprechpartner kontaktiert werden können.

Damit verbunden sind sehr viele Vorteile und Nutzen für den Betrieb, die in der Summe noch nicht vollständig erkannt wurden, aber auch Pflichten, denn von Seiten der Politik sind diese Veränderungen vorangetrieben worden, um Arbeitsfähigkeit zu erhalten und ggf. auch möglichst schnell wieder herzustellen Abb. 2.1.

© Springer Fachmedien Wiesbaden 2016
D. Melchart, S. Gronwald, *Gesundheitsförderung für kleine Unternehmen,*
essentials, DOI 10.1007/978-3-658-11743-6_2

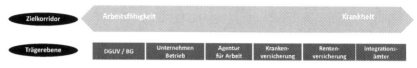

Abb.2.1 Träger der betrieblichen Gesundheitsarbeit. (Gronwald 2013)

2.1 Die (Gesundheits-)Verpflichtungen eines Betriebes

Somit steht aber auch fest, dass die betriebliche Gesundheitsarbeit keine Wahl-
leistungen darstellt, sondern vielmehr eine ganz konkrete Verpflichtung ist, die der
Betriebsinhaber zu verantworten hat. Im Folgenden sollen die wesentlichen Eck-
punkte dieser Verpflichtung dargestellt und vor allem die Vorteile herausgearbeitet
werden.

Im Wesentlichen sind es zwei Verordnungen, die zur Definition der betrieblichen Gesundheitsarbeit beitragen und die auf der operationalen Seite auch die
Inhalte einer betrieblichen Gesundheitsförderung festlegen können. Mit diesen
beiden Ansätze werden auch – um nochmals auf die Modellsicht (siehe Punkt 2.)
Bezug zu nehmen – zwei unterschiedliche Zielsetzungen abgedeckt.

- **Das Arbeitsschutzgesetz (ArbSchG)**, vor allem aber das Instrument
  der Gefährdungsbeurteilung nach § 5 ArbSchG zielt auf die Beurteilung
  und die Beachtung der externen Ressourcen ab. In den Beschreibun-
  gen der Kostenträger findet man oftmals den Begriff des Settings oder
  der Verhältnisse an. Somit kann auch von einer **Verhältnisprävention**
  gesprochen werden.
- **Das Betriebliche Eingliederungsmanagement (BEM)** nach § 84 Abs.
  2 SGB IX (Rentenversicherung) setzt auf der individuellen Ebene, also
  beim Mitarbeiter an. Jeder Mitarbeiter hat nach einer Krankheit das
  Recht auf eine organisierte Wiedereingliederung in den Arbeitsprozess.
  In vielen Fällen wird das BEM-Verfahren erst nach einer Fehlzeit von
  6 Wochen eingeleitet. Aber eigentlich fordert der § 84 Abs. 2 auch ein
  Frühwarnsystem auf der individuellen Ebene. Sodass zusammen mit den
  individuellen Ansätzen zur Gesundheitsförderung der Krankenkassen ein
  wirksames Instrument zur individuellen Prävention gegeben ist. In diesem Zusammenhang findet man auch den Begriff **Verhaltensprävention**
  Abb. 2.2.

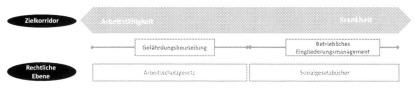

Abb. 2.2 Rechtliche Grundlagen für betriebliche Gesundheitsarbeit. (Gronwald 2013)

2.1.1 Arbeitsschutz und betriebliche Gesundheitsförderung

Der gesetzliche Arbeitsschutz wurde im Jahr 1974 durch das Arbeitssicherheitsgesetz (ASiG) gesetzlich geregelt, in der Folge wurde auch das Arbeitsschutzgesetz (ArbSchG) entwickelt. Beide Ansätze haben das gemeinsame Ziel, Schädigungen durch die Arbeit zu verhindern. Bis zur Novellierung des Arbeitsschutzgesetzes im September 2013 standen vor allem die Verhütung von Arbeitsunfällen, also der Schutz vor physisch-biologisch-chemischen Gefahren im Vordergrund, nach der Modellsicht (siehe Punkt 2.3) ging es um die Befriedigung physiologischer Bedürfnisse.

Mit der extremen Zunahme der psychischen Erkrankungen wurde in der Novellierung des Gesetzes der Schutz vor psychischen Belastungen zusätzlich aufgenommen, dieser tritt auch zunehmend in den Fokus. Um auch hier in der Modellsicht zu bleiben, fordert eine Gefährdungsbeurteilung psychischer Belastungen die Beurteilung, ob die Bedürfnisse der Mitarbeiter durch und in der Arbeit ausreichend Beachtung finden (siehe Punkt 2.3).

Anmerkung

Leider hat man es bei der Gesetzesnovellierung und der damit für jeden Betrieb zur Pflicht gewordenen Beurteilung von psychischen Gefährdungen durch die Arbeit versäumt, eine Nomenklatur zu wählen, die den wirklichen Zweck und Hintergrund einladender beschreibt. Wie bereits in Punkt 2.4 dargelegt, geht es um eine Balancierung von Anforderungen und Ressourcen, die in der Verantwortung aber auch in der Gestaltungsmöglichkeit des Betriebes liegt. Durch die „Verordnung zur psychischen Gefährdungsbeurteilung" wird wieder sehr stark die Abhängigkeit von Spezialisten, hier vor allem von Psychologen suggeriert und die große Möglichkeit zu einem eigenverantwortlichen Gestalten eingeschränkt.

Sieht man sich die Regelungsgegenstände (Ansatzpunkte) genauer an, die durch die Gefährdungsbeurteilung psychischer Belastungen beschrieben werden sollen, so findet man wieder den Bezug zur Bedürfnistheorie.

Bereits im Jahr 2012 hat die Gemeinsame Deutsche Arbeitsschutzstrategie (GDA) eine Checkliste zu den Inhalten und Merkmalsbereichen der Gefährdungsbeurteilung, wie sie in Tab. 2.1 jetzt gefordert werden, veröffentlicht[1] (Tab. 2.2, 2.3, 2.4, 2.5 und 2.6).

Tab. 2.1 Regelungsgegenstände der Gefährdungsbeurteilung psychischer Belastungen (www.gda-portal.de Gemeinsame Deutsche Arbeitsschutzstrategie – Aufruf am 03.02.2015)

Regelungsgegenstände (Ansatzpunkte) der Gefährdungsbeurteilung psychischer Belastungen			
Arbeitsumgebung	Arbeitsorganisation	Arbeitsaufgabe	Soziale Beziehungen

Tab. 2.2 Merkmalsbereich: Arbeitsinhalt/Arbeitsaufgabe

Merkmalsbereich: Arbeitsinhalt/ Arbeitsaufgabe	Mögliche kritische Ausprägung (Gefährdung)
Vollständigkeit der Aufgabe	Tätigkeit enthält
	Nur vorbereitende oder
	Nur ausführende oder
	Nur kotrollierende Handlungen
Handlungsspielraum	Der/Die Beschäftige(n) hat/haben keinen Einfluss auf
	Arbeitsinhalt
	Arbeitspensum
	Arbeitsmethoden/-verfahren
	Reihenfolge der Tätigkeiten
Variabilität	Einseitige Anforderungen
	Wenige, ähnliche Arbeitsgegenstände und Arbeitsmittel
	Häufig Wiederholung gleichartiger Handlungen in kurzen Takten
Information/ Informationsangebot	Zu umfangreich (Reizüberflutung)
	Zu gering (lange Zeiten ohne neue Information)
	Ungünstig dargeboten
	Lückenhaft (wichtige Informationen fehlen)
Qualifikation	Tätigkeiten entsprechen nicht der Qualifikation der Beschäftigten (Über/Unterforderung)
	Unzureichende Einweisung/Einarbeitung in die Tätigkeit
Emotionale Inanspruchnahme	Durch das Erleben emotional stark berührender Ereignisse (z. B. Umgang mit schwerer Krankheit, Unfällen und Tod)
	Durch das ständige Eingehen auf die Bedürfnisse anderer Menschen (z. B. auf Kunden, Patienten, Schüler)
	Durch permanentes Zeigen geforderter Emotionen unabhängig von eigenen Empfindungen
	Bedrohung durch Gewalt durch andere Personen (z. B. Kunden, Patienten)

---

[1] Gemeinsame Deutsche Arbeitsschutzstrategie (2012). Leitlinie Beratung und Überwachung bei psychischer Belastung am Arbeitsplatz. Nationale Arbeitsschutzkonferenz, Geschäftsstelle der Nationalen Arbeitsschutzkonferenz. www.gda-portal.de.

Tab. 2.3 Merkmalsbereich: Arbeitsorganisation

Merkmalsbereich: Arbeitsorganisation	Mögliche kritische Ausprägung (Gefährdung)
Arbeitszeit	Wechselnde oder lange Arbeitszeit
	Ungünstig gestaltete Schichtarbeit, häufige Nachtarbeit
	Umfangreiche Überstunden
	Unzureichendes Pausenregime
	Arbeit auf Abruf
Arbeitsablauf	Zeitdruck/hohe Arbeitsintensität
	Häufige Störungen/Unterbrechungen
	Hohe Taktbildung
Kommunikation/Kooperation	Isolierter Einzelarbeitsplatz
	Keine oder geringe Möglichkeit der Unterstützung durch Vorgesetzte oder Kollegen
	Keine klar definierten Verantwortungsbereiche

Tab. 2.4 Merkmalsbereich: Soziale Beziehungen

Merkmalsbereich: Soziale Beziehungen	Mögliche kritische Ausprägung (Gefährdung)
Kollegen	Zu geringe/ zu hohe Zahl sozialer Kontakte
	Häufige Streitigkeiten und Konflikte
	Art der Konflikte: soziale Drucksituationen
	Fehlende soziale Unterstützung
Vorgesetzte	Keine Qualifizierung der Führungskräfte
	Fehlendes Feed-back, fehlende Anerkennung für erbrachte Leistungen
	Fehlende Führung, fehlende Unterstützung im Bedarfsfall

Tab. 2.5 Merkmalsbereich: Arbeitsumgebung

Merkmalsbereich: Arbeitsumgebung	Mögliche kritische Ausprägung (Gefährdung)
Physikalische und chemische Faktoren	Lärm
	Beleuchtung
	Gefahrstoffe
	Hitze/Kälte
Physische Faktoren	Ungünstige ergonomische Gestaltung
	Schwere körperliche Arbeit
Arbeitsplatz- und Informationsgestaltung	Ungünstige Arbeitsräume, räumliche Enge
	Unzureichende Gestaltung von Signalen und Hinweisen
Arbeitsmittel	Fehlendes oder ungeeignetes Werkzeug bzw. Arbeitsmittel
	Ungünstige Bedienung oder Einrichtung von Maschinen
	Unzureichende Softwaregestaltung

Tab. 2.6 Merkmalsbereich: Neue Arbeitsformen

Merkmalsbereich: Neue Arbeitsformen	Mögliche kritische Ausprägung (Gefährdung)
Die Merkmale sind nicht Gegenstand des Aufsichtshandelns, spielen aber für die Belastungssituation der Beschäftigten eine Rolle	Räumliche Mobilität
	Atypische Arbeitsverhältnisse, diskontinuierliche Berufsverläufe
	Zeitliche Flexibilisierung, reduzierte Abgrenzung zwischen Arbeit und Privatleben

2.1.2 Betriebliche Eingliederung und individuelle Gesundheitsförderung

Die Verpflichtung zur betrieblichen Eingliederung nach § 84 Abs. 2 SGB IX steht stellvertretend für die individuelle Gesundheitsförderung.

In der Gestaltung des Prozesses ist der Unternehmer oder Betriebsinhaber frei. Deshalb sollte diese Verpflichtung im Rahmen einer betrieblichen Gesundheitsförderung mit allen Möglichkeiten der Sozialgesetzbücher ausgefüllt werden. Das bedeutet, dass Leistungen zur Prävention, Therapie und Rehabilitation zur Unterstützung der gesundheitlichen Arbeit im Betrieb genutzt werden können. In allen genannten Bereichen existieren geförderte Maßnahmen und Interventionen, auf die ein Betrieb zurückgreifen kann. Empfehlenswert in diesem Zusammenhang ist die feste Zusammenarbeit mit einem (Betriebs-) Arzt, der bei der Koordination und dem Einsatz der Maßnahmen laufende Unterstützung und Beratung bieten kann.

Anmerkung

Durch diese Gesetzesvorgaben kann eine optimale betriebliche Gesundheitsarbeit verankert werden, die nicht nur die Pflichten des Betriebes abdeckt, sondern vor allem die Möglichkeiten und Förderungen durch die Sozialversicherungsträger mit einbezieht Abb. 2.3.

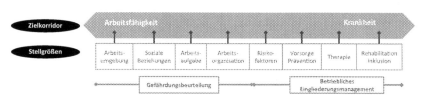

Abb. 2.3 Logische Verknüpfung der gesetzlichen Vorgaben. (Gronwald 2013)

Fazit und Tipps

Die betriebliche Gesundheitsarbeit kann und sollte vollständig auf gesetzlichen Grundlagen aufgebaut werden. Das bedeutet, dass für alle notwendigen Bereiche Hilfe und Unterstützung von den Sozialversicherungsträgern in Anspruch genommen werden kann.

Wichtig ist dabei vor allem, dass individuelle Lösungen für den Betrieb oder das Unternehmen gefunden werden. Daher muss der Einstieg in die betriebliche Gesundheitsförderung immer eine Ist-Analyse oder Bestandsaufnahme sein, wie sie auch das Arbeitsschutzgesetz in Form der Gefährdungsbeurteilung fordert.

Diese Tatsache trägt dazu bei, dass Gesundheitsförderung im Betrieb keine Kannleistung mehr darstellt, die meist bei wirtschaftlichen Engpässen wegfallen muss, vielmehr wird sie durch die logische gesetzliche Verankerung zu einem festen Bestandteil der betrieblichen Organisationsstruktur.

Auswirkungen und Nutzen von Gesundheitsförderung

In vielen Studien wird über einen Return on Invest (ROI) berichtet, der sich bei einer Investition für betriebliche Gesundheit einstellt, diese Werte gehen von 1:2,5 bis 1:10,1 bei Fehlzeiten (i.punkt21. 2008) und das soll bedeuten, dass jeder eingesetzte Euro sich vervielfacht durch die positiven Auswirkungen der Interventionen.

Es soll an dieser Stelle nicht über die Validität oder die Eintrittswahrscheinlichkeit dieser Studien geurteilt werden, vielmehr sollen praktische Beispiele die Ansatzpunkte für Verbesserungen aufzeigen, die in den Betrieben durch Maßnahmen auf der betrieblichen (Setting) oder individuellen Ebene ergeben können.

Auch an dieser Stelle wird wieder deutlich, dass vor einem Einsatz von Interventionen oder Maßnahmen eine Analyse des Ist-Zustandes stehen muss.

3.1 Beispiele für Auswirkungen auf betrieblicher Ebene

3.1.1 Missachtung von Anerkennung, Wertschätzung und Belohnung (Gratifikation)

Das Modell beruflicher Gratifikationskrisen, das von J. Siegrist (1998) umfassend erforscht wurde, geht davon aus, dass es zu Überlastungen und Überforderungen des Mitarbeiters kommt, wenn ein Ungleichgewicht zwischen hoher beruflicher Verausgabung (Anforderungen, Belastungen) und niedriger Belohnung (in Form von Geld, Sicherheit, beruflichem Aufstieg und Anerkennung) kommt.

Interessant sind diese Forschungsergebnisse besonders im Hinblick auf den Nachweis einer Verbindung von Arbeitsstress und einer körperlichen Reaktion. So konnte in der Studie von Hamar et al. (2006) bewiesen werden, dass ein Parameter, der Entzündungen im Körper – die Grundlage vieler Erkrankungen- anzeigt, durch ein Ungleichgewicht zwischen Anstrengung und Belohnung deutlich erhöht wird.

© Springer Fachmedien Wiesbaden 2016
D. Melchart, S. Gronwald, *Gesundheitsförderung für kleine Unternehmen,*
essentials, DOI 10.1007/978-3-658-11743-6_3

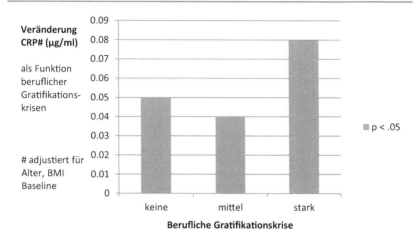

Abb. 3.1 Entzündungsparameter CRP bei mentalem Stresstest und beruflichen Gratifikationskrisen. (Eigene Darstellung nach Hamar et al. 2006)

Das beweist, dass Veränderungen im Organismus bis hin zu Krankheiten, die auf diesen Veränderungen basieren, ihren Ursprung in einer betrieblichen Situation und Umgebung haben können (Abb. 3.1).

In der sehr aufwändigen Whitehall-II-Langzeitstudie konnte auch eine Verbindungen zu den psychischen Erkrankungen, insbesondere depressive Störungen nachgewiesen werden. Die Ergebnisse belegen, dass beispielsweise bei den Männern im Falle einer Gratifikationskrise die Wahrscheinlichkeit des Eintritts einer depressiven Störung um das 2,5-fache erhöht ist (Abb. 3.2).

3.1.2 Kritisches Führungsverhalten

Eng verbunden mit einer mangelnden Gratifikation sind die Forschungsergebnisse um das Führungsverhalten von Buttler et al. (1998). Auch in diesem Kontext soll die unmittelbare Konsequenz auf den Mitarbeiter im Fokus stehen, um zeigen zu können, dass messbare Ergebnisse im Bereich der Fehlzeiten auf innerbetriebliche Ursachen zurückzuführen sind.

Eine Verdopplung der Krankheitshäufigkeit konnte durch ein Fehlverhalten in der Führung nachgewiesen werden. Die Ursache dafür kann beispielsweise auf einen Mangel an Befriedigung des Bedürfnisses nach Orientierung (siehe Punkt 2.3) zurückgeführt werden (Abb. 3.3).

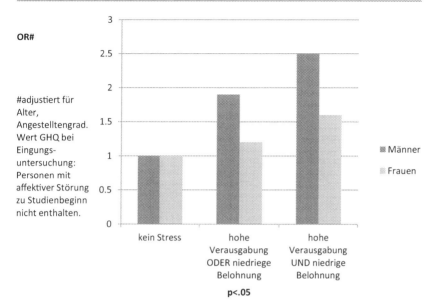

Abb. 3.2 Gratifikationskrisen und depressive Störungen – Whitehall-II-Studie. (Eigene Darstellung nach Stansfeld et al. 1999)

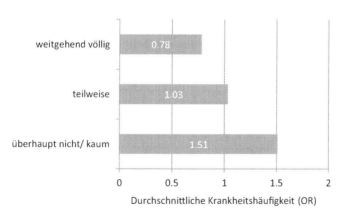

Abb. 3.3 Krankheitshäufigkeit und Führung. (Eigene Darstellung nach Buttler et al. 1998)

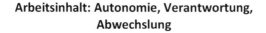

**Arbeitsinhalt: Autonomie, Verantwortung,
Abwechslung**

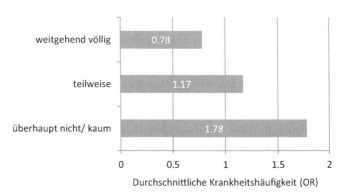

Abb. 3.4 Krankheitshäufigkeit und Tätigkeitsart. (Eigene Darstellung nach Buttler et al. 1998)

Ebenso konnte in der gleichen Studie der Einfluss aus einer mangelnden Arbeitsorganisation bzw. einem nicht adäquaten Arbeitsinhalt auf die Krankheitshäufigkeit belegt werden. Auf die Bedürfnistheorie bezogen handelt es sich hierbei um Störungen der Bedürfnisse nach Exploration und/oder nach Selbstaktualisierung (Abb. 3.4).

Fazit und Tipps
Viele Veränderungen mit einer sehr großen Wirkung auf die Gesundheit können durch die Betriebe selbst organisiert und auf den Weg gebracht werden. Die Grundlage stellt das Verständnis für die Zusammenhänge dar, wie durch zu hohe Anforderungen Belastungen entstehen und welche Ressourcen man von betrieblicher Seite dem entgegensetzen kann.
   Das Ergebnis kann man langfristig als eine Veränderung in der Unternehmenskultur wahrnehmen.

3.2 Beispiele für Auswirkungen auf individueller Ebene

Im Folgenden stehen die Auswirkungen von individueller Seite im Mittelpunkt. Bei der Diskussion um individuelle Gesundheit kommt man sehr schnell in den Bereich der Privatsphäre und dann auch des Datenschutzes.

Aber an Hand von klar nachweisbaren Konsequenzen für den Betrieb, die er in Kauf nehmen muss aufgrund von Zivilisations- und Wohlstandserkrankungen, ist sicher gut zu argumentieren, warum betriebliche Gesundheitsförderung auch den individuellen Bereich im Auge haben und über attraktive Angebote nachdenken muss.

3.2.1 Auswirkungen von Zivilisations- und Wohlstandserkrankungen

Die Todesursache Nummer 1 in Deutschland sind die Herzkreislauferkrankungen. Das Risiko einer Erkrankung ist sehr stark abhängig vom Lebensstil, also von Ernährungs- und Bewegungsverhalten, aber auch vom Umgang mit Stress und der Fähigkeit zur Resilienz.

Bezogen auf die betrieblichen Belange bedeutet dies, dass die Wahrscheinlichkeit zu erkranken und damit Fehlzeiten im Betrieb auszulösen mit der Zahl und der Schwere der Risikofaktoren steigt.

Dies verdeutlicht sehr anschaulich eine Graphik der Deutschen Hochdruckliga[1]. Im Extremfall sieht man, dass sich bei einer Summation aller Risikofaktoren das Risiko innerhalb der nächsten 8 Jahre zu erkranken auf 71 % Wahrscheinlichkeit erhöht (71 von 100 Personen). Die Daten stammen aus der größten Längsschnittstudie, die bislang gemacht worden ist – die Framingham Studie (seit 1965) (Abb. 3.5).

3.2.2 Auswirkungen psychischer Erkrankungen

Weitreichend bekannt sind im Zusammenhang mit den psychischen Erkrankungen statistische Zahlen wie die AU-Tage (Arbeitsunfähigkeit). Diese wurden von der Techniker Krankenkasse bei den Männern mit durchschnittlich 45 Ausfalltagen und bei den Frauen mit durchschnittlich 42 Tage angegeben (TK Gesundheitsreport 2014). Eine weitere Zahl, die gerne als Auswirkung psychischer Erkrankungen präsentiert wird, ist die Zahl Frühverrentungen:

> Psychische Erkrankungen waren auch 2013 wieder die Hauptursache für ein vorzeitiges gesundheitsbedingtes Ausscheiden aus dem Erwerbsleben. 74.745 Personen wurden im vergangenen Jahr wegen einer psychischen Erkrankung erwerbsunfähig. Das sind 42,7 Prozent aller gesundheitsbedingten Frühberentungen im Jahr 2013.

---

[1] www.hochdruckliga.de Abruf am 03.02.2015.

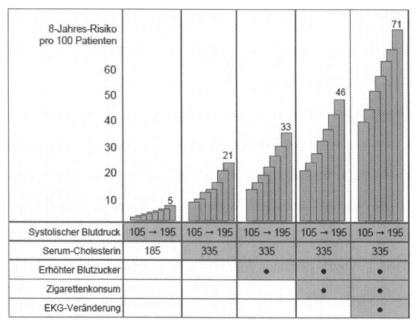

Abb. 3.5 Wahrscheinlichkeit einer Herzkreislauferkrankung bei 35-jährigen Männern. (www.hochdruckliga.de Abruf am 03.02.2015)

Der Anteil ist im Vergleich zum Vorjahr um 0,6 Prozent gestiegen. Dies geht aus der Publikation „Rentenversicherung in Zeitreihen" der Deutschen Rentenversicherung (DRV) hervor. Am häufigsten führten Depressionen zur vorzeitigen Berentung. Fast 40 Prozent der psychisch bedingten Frühberentungen waren 2013 auf depressive Erkrankungen zurückzuführen.[2]

Für die betriebliche Arbeit muss aber noch die Frage gestellt werden, wie häufig sind psychische Belastungen in Betrieben. Im Rahmen eines schweizerischen Forschungsprojektes (Baer et al. 2011) wurde diese Frage intensiv nachgegangen und es zeigten sich erstaunliche Ergebnisse. Gerade in kleineren Betrieben werden die größeren psychischen Belastungen und damit auch Probleme wahrgenommen. Und gerade hier finden wir auch die wenigsten Interventionsansätze (siehe Punkt 5.) (Abb. 3.6).

---

[2] www.bptk.de – BundesPsychotherapeutenKammer – Aufruf am 03.02.2015.

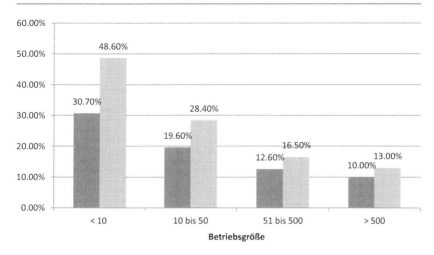

■ Anteil der MA mit psychischen Problemen (Dunkelziffer)

▓ Anteil der MA mit pschischen Problemen (Dunkelziffer und Kontaktierte)

Abb. 3.6 Geschätzter Anteil psychisch belasteter Mitarbeiter nach Betriebsgröße. (Eigene Darstellung nach Baer et al. 2011)

Ausgehend von der Tatsache, dass vielen verantwortlichen Führungskräften und Unternehmern die Dimension dieses Problems nicht bekannt oder bewusst ist, sind aber bereits Auswirkungen bei den Mitarbeitern und Kollegen zu spüren, die in der Folge und bei Nichtbeachtung zu weiteren Belastungen im Betrieb führen können. So zeigt die folgende Graphik, wie Mitarbeiter auf psychisch belastete Kollegen reagieren. Es wird sehr schnell klar, zu welcher Kettenreaktion es im Betreib kommt, wenn auf diese Themen und Problemstellungen nicht oder nicht zielgerichtet eingegangen wird (Abb. 3.7).

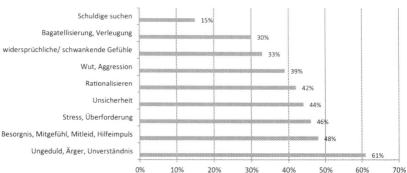

Abb. 3.7 Teamreaktionen auf psychisch belastete Mitarbeiter nach Häufigkeit. (Eigene Darstellung nach Baer et al. 2011)

Fazit und Tipps

Gerade was die individuelle Gesundheitsförderung anbelangt, entwickelt sich sehr leicht das Dilemma, dass es sich einerseits um die Privatsphäre des Mitarbeiters handelt und es unter allen Umständen um die Wahrung des Datenschutzes gehen muss, auf der anderen Seite muss der Unternehmer auch die Risiken in Form von Krankheit und Fehltagen tragen, aufgrund der Vernachlässigung individueller Ressourcen durch die Mitarbeiter.

Eine Möglichkeit diesen Teufelskreis zu durchbrechen, liegt mit Sicherheit in der Vorbildfunktion der Führungskräfte und Inhaber. Wenn man es schafft, dass gesundheitliche Achtsamkeit zu einem Teil der Unternehmenskultur wird, von den Führungskräften vorgelebt und honoriert wird, ist die Wahrscheinlichkeit um ein Vielfaches höher, zu einem gesünderen Arbeitsstil zu kommen.

Ein weiterer Ansatzpunkt könnte zusammen mit Berufsgenossenschaften und Krankenkassen erarbeitet werden, um im Rahmen der regelmäßigen Unterweisungen zum Arbeitsschutz[3], die für die Mitarbeiter verpflichtend sind, das Thema individuelle Gesundheitsförderung laufend zu integrieren.

---

[3] www.gesetze-im-internet.de/arbschg/__15.html Aufruf am 03.02.2015.

Literatur

i.Punkt21. (2008). Wirksamkeit und Nutzen betrieblicher Gesundheitsförderung und Prävention. Ausgabe März 2008. Initiative Gesundheit und Arbeit (iga). www.iga-info.de

Siegrist, J. (1998). Berufliche Gratifikationskrisen und Gesundheit – ein soziogenetisches Modell mit differentiellen Erklärungschancen. In J. Markgraf, J. Siegrist, S. Neumer (Hrsg.), Gesundheits- und Krankheitstheorie? Saluto- versus pathogenetische Ansätze im Gesundheitswesen (S. 225–235) Berlin: Springer.

Hamar et al. (2006). Pyschosom. Med. 68. 408–413.

Stansfeld et al. (1999). OEM 56: 302.

Buttler, G., Burkert, C., Boente, F. (1998). „Betriebliche Einflussfaktoren des Krankenstandes." Universität Erlangen-Nürnberg, Nürnberg, Lehrstuhl für Statistik und empirische Wirtschaftsforschung, Personalführung 30: 9.

TK Gesundheitsreport (2014). AU-Tage je Fall nach ICD−10-Diagnosekapiteln. S. 89

Baer et al. (2011). „Schwierige" Mitarbeiter -Wahrnehmung und Bewältigung psychisch bedingter Problemsituationen durch Vorgesetzte und Personalverantwortliche. Bericht im Rahmen des mehrjährigen Forschungsprogramms zu Invalidität und Behinderung (FoP-IV) - Bundesamt für Sozialversicherungen, CH-3003 Bern. ISSN: 1663-4659

Typische Problemstellungen in kleinen und mittelständischen Unternehmen

4

Grundsätzlich stellt man fest, dass gerade kleine und mittlere Betriebe sich mit der Thematik Gesundheitsförderung unzureichend auseinandersetzen. Es gibt sicher viele Gründe, die vermutet werden können, im Folgenden sollen jedoch Ergebnisse einer Online-Umfrage der Handwerkskammer für München und Oberbayern aus dem Jahr 2014 (Melchart und Gronwald 2014) tatsächliche Sichtweisen aus Betrieben aufzeigen.

Ohne die Ergebnisse vorwegzunehmen, wird es vor allem wichtig werden, gerade den Inhabern von kleinen und mittleren Unternehmen und Betrieben eine klare Vorstellung von Gesundheit, den kausalen Zusammenhängen und den Möglichkeiten zur Selbsthilfe zu geben. Pauschale Angebote stellen keine Lösung dar. Dies wird in der Studie deutlich, wenn man die Verschiedenartigkeit der Interessen, Sichtweisen und Bedarfe in unterschiedlichen Betriebsgrößen beachtet. So kann als ein Ergebnis der Studie festgehalten werden, dass eine Differenzierung in kleine (bis 10 Mitarbeiter), mittlere (11–50 MA) und große Betriebe (mehr als 50 MA) vorgenommen werden muss.

4.1 Vernachlässigung betrieblicher Prävention

Dieser Rückschluss lässt sich durch die Ergebnisse belegen, dass auf die Frage, ob hinsichtlich präventiver Leistungen für die Mitarbeiter Unterstützung gebraucht werde, viele Betriebe (bis zu 44 %) mit dem Verweis antworteten, dass gerade dies eine Sache des Mitarbeiters selbst ist (Abb. 4.1).

© Springer Fachmedien Wiesbaden 2016
D. Melchart, S. Gronwald, *Gesundheitsförderung für kleine Unternehmen,*
essentials, DOI 10.1007/978-3-658-11743-6_4

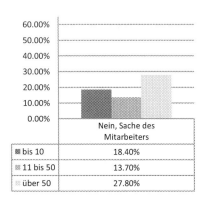

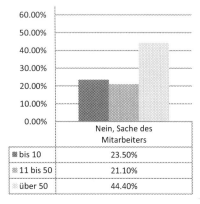

Abb. 4.1 Vernachlässigung betrieblicher Prävention Vorsorge (*links*); Lebensstil (*rechts*). (Melchart und Gronwald 2014)

4.2 Vernachlässigung sozialer Prävention – Krankheit und Pflege

Besonders deutlich wird die Vernachlässigung der Prävention am Beispiel der Frage nach Unterstützungsbedarf im Falle eines Krankheits- oder Pflegefalls im familialen Umfeld des Mitarbeiters. Über 60 % der Betriebe antworteten hier, dass dies keine Unterstützung von Seiten des Betriebs fordert, sondern alleinige Sache des Mitarbeiters sei. Bei den größeren Betrieben handelt es sich hier um eine enorm hohe Zahl, aber auch bei den kleineren und mittleren Unternehmen sind ca. ein Drittel aller Betriebe derselben Meinung (Abb. 4.2).

4.3 Gefährliche Einstellung zum Thema Sucht

Ein weiteres Ergebnis, das eine potentielle Gefährdung darstellen kann, ist bei der Frage nach dem Bedarf an Informationen und Informationsveranstaltungen zum Thema Sucht aufgetaucht. Zwar gab es insgesamt über alle Betriebe eine relativ hohe Zustimmung zu der Bereitstellung von Schulungen und Informationen zum Thema, jedoch muss auch erwähnt werden, dass ca. 20–30 % der Betriebe angaben,

Abb. 4.2 Vernachlässigung
sozialer Prävention. (Melchart und Gronwald 2014)

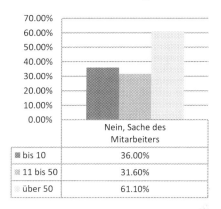

Unterstützung bei gesundheitlichen
Problemen in den Familien der
Mitarbeiter,
einschließlich Pflege

dass dieses Thema die Sache des Mitarbeiters sei und damit von betrieblicher Seite
keine Notwendigkeit besteht, Informationen oder vielleicht sogar Interventionen
zu veranlassen (Abb. 4.3).

Abb. 4.3 Gefährliche Einstellung zum Thema Sucht.
(Melchart und Gronwald
2014)

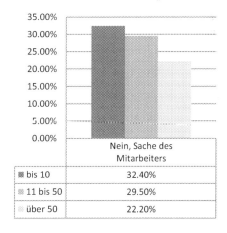

Informationsveranstaltungen zum
Thema Sucht

Fazit und Tipps

Aufgabe, Rolle und Funktion moderner Präventionsarbeit ist in vielen Betrieben noch nicht hinreichend deutlich geworden. Dabei sind es gerade die Veränderungen, die im Bereich des Lebens- und Arbeitsstils anstoßen werden, die allen Beteiligten den größten Nutzen bringen werden: Dem Unternehmen die Arbeitsfähigkeit und den Mitarbeitern die Lebensqualität.

Viele Veränderungen und Optimierungen sind zudem nicht mit großen Investitionen verbunden, sondern basieren auf der Bereitschaft, sich mit Bedürfnissen, Sichtweisen und den kausalen Zusammenhängen auseinandersetzen zu wollen.

Die Politik hat diese enorme volkswirtschaftliche Chance verstanden und Unterstützungsmöglichkeiten gerade für kleinere Unternehmen eingerichtet.

4.4 Vernachlässigung der Gefährdungsbeurteilungen

In enger Verbindung mit Prävention müssen auch die Anforderungen aus dem Arbeitsschutz gesehen werden. Hier ist es durch eine Novellierung des Arbeitsschutzgesetzes im Oktober 2013 zu wichtigen Änderungen gekommen. Die Verpflichtung der Betriebe sämtlicher Größen (Anmerkung: Es besteht kein Sonderrecht mehr für kleine Betriebe) zur Beurteilung der psychischen Belastungssituation und der auslösenden Faktoren stellt alle Betriebe vor eine große neue Herausforderung (Abb. 4.4).

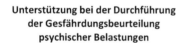

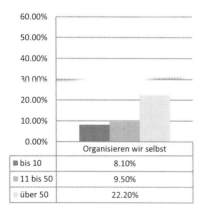
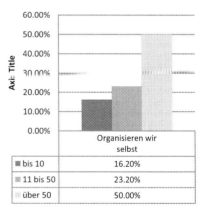

Abb. 4.4 Organisationsgrad der Gefährdungsbeurteilungen. (Melchart und Gronwald 2014)

Dementsprechend wiesen die Ergebnisse der Befragung auch einen sehr gerin-
gen Organisationsgrad auf, was die Durchführung der psychischen Gefährdungsbeurteilung betrifft, nur ca. 20 % der großen Betriebe und nur ca. 8 % der kleinen
Betriebe erfüllten diese Auflage in Eigenregie.

Angesichts der Tatsache, dass die Gefährdungsbeurteilung im klassischen Sin-
ne schon seit vielen Jahren durch das Arbeitsschutzgesetz (§ 5 ArbSchG) gefordert
wird, ist der Organisationsgrad zur Durchführung dieser Analyse ebenfalls erschre-
ckend gering. 50 % der großen Betriebe führen diese selbst durch und nur ca. 16 %
der kleineren Betriebe.

Die Hintergründe für diese Zurückhaltung bezüglich des Arbeitsschutzes kann
nur vermutet werden. Jedoch vergeben sich viele Betriebe damit auch die Chance,
einen umfassenden präventiven Ansatz und Umgang mit Belastungen zu etablieren.

Fazit und Tipps
Gemeinsam mit der zuständigen Berufsgenossenschaft sollte versucht werden,
ein individuell auf den Betrieb passendes Beurteilungs- und Analyseverfahren
aufzubauen. Die Berufsgenossenschaften dürfen in diesem Zusammenhang nicht
als Kontrollinstanz gesehen werden, sondern vielmehr als Partner, der den Betrieb
in seinen Bestrebungen, umfassende Präventionsarbeit einzuführen, kompetent
unterstützen kann.

4.5 Geringe Kooperationsinteressen mit Ärzten

Die Unterstützung durch einen Mediziner wird gerade in den kleinen und mittleren
Betrieben in sehr wenigen Fällen angenommen. Zwischen 55 und 60 % der Betriebe gaben an, keinen Kontakt zu einem Mediziner zu unterhalten.

Fazit und Tipps
Damit vergeben sich die Betriebe einen guten Einstieg bzw. auch die nachhaltige
Implementierung von Prävention. In Bezug auf die Arbeitsmedizin ist sicher die
Vorstellung ausschlaggebend, dass es sich bei den Leistungen der Arbeitsmedizi-
ner nur um Pflichtuntersuchungen und damit Auflagen handelt, die erfüllt werden
müssen. Kooperationen mit anderen Medizinern auch direkt am Ort des Unternehc-
mens sind bislang sicher nicht angedacht, da die ärztliche Betreuung vorrangig im
Bereich der persönlichen und privaten Angelegenheiten gesehen wird.

Literatur

Melchart D., Gronwald S. (2014): Abschlussbericht – Bedarfsstudie Kompetenzzentrum für Gesundheit der Handwerkskammer für München und Oberbayern. TU München, Klinikum rechts der Isar – Kompetenzzentrum für Komplementärmedizin und Naturheilkunde. Handwerkskammer für München und Oberbayern (noch nicht veröffentlicht)

Handlungsempfehlungen zur Gesundheitsförderung

5

Nachstehend werden die wichtigsten Tipps zum Einstieg in die betrieblichen Gesundheitsarbeit zusammengefasst. Jede Reise beginnt mit dem ersten Schritt, doch den haben Sie mittlerweile schon gemacht. Wenn Sie sich mit den Inhalten dieser Broschüre in Ruhe auseinandergesetzt haben, ist ein wichtiger Teil bereits geschehen, Sie haben die grundlegenden Zusammenhänge durchblickt. Sie werden merken, dass es mit diesem Vorwissen um ein Vielfaches einfacher wird, die Angebote und Informationen von Ämtern, Behörden, Sozialversicherungen und Berufsorganisationen zum Thema Gesundheit zu verstehen und für sich zu nutzen.

5.1 Der Einstieg in die betriebliche Gesundheitsarbeit – Die Gefährdungsbeurteilung

Setzt man sich mit den Möglichkeiten auseinander, die auf gesetzlicher Basis zur Verfügung stehen und genutzt werden können, wird man sehr bald feststellen, dass es eine unglaubliche Vielzahl von Angeboten gibt, die alle einen sinnvollen Inhalt haben. Doch es geht nicht darum, möglichst viel in diesem Bereich anzubieten, sondern gezielt herauszuarbeiten, was im dem betreffenden Betrieb oder Unternehmen, zum jetzigen Zeitpunkt unter den jetzt gegebenen Umständen gebraucht wird und wie bestehende Problemlagen abgebaut werden können.

In Bezug auf die physiologischen Bedürfnisse ist schon seit sehr langer Zeit die klassische Gefährdungsbeurteilung gefordert, diese ist gewerk- oder branchenspezifisch vorgegeben. Für Fragen und Unterstützung in diesem Bereich stehen die Präventionsberater der jeweiligen Berufsgenossenschaften mit großer Erfahrung zur Verfügung (Abb. 5.1).

Im Bereich der Beurteilung psychischer Belastungen (besser: Balancierung von Anforderungen und Ressourcen) betreten alle Beteiligten Neuland, das gilt sowohl

© Springer Fachmedien Wiesbaden 2016
D. Melchart, S. Gronwald, *Gesundheitsförderung für kleine Unternehmen,*
essentials, DOI 10.1007/978-3-658-11743-6_5

§ 5-ArbSchG: Beurteilung der Arbeitsbedingungen

(1) Der Arbeitgeber hat durch eine Beurteilung der für die Beschäftigten mit ihrer Arbeit verbundenen Gefährdung zu ermitteln, welche Maßnahmen des Arbeitsschutzes erforderlich sind.

(2) Der Arbeitgeber hat die Beurteilung je nach Art der Tätigkeiten vorzunehmen. Bei gleichartigen Arbeitsbedingungen ist die Beurteilung eines Arbeitsplatzes oder einer Tätigkeit ausreichend.

(3) Eine Gefährdung kann sich insbesondere ergeben durch

1. die Gestaltung und die Einrichtung der Arbeitsstätte und des Arbeitsplatzes,

2. physikalische, chemische und biologische Einwirkungen,

3. die Gestaltung, die Auswahl und den Einsatz von Arbeitsmitteln, insbesondere von Arbeitsstoffen, Maschinen, Geräten und Anlagen sowie den Umgang damit,

4. die Gestaltung von Arbeits- und Fertigungsverfahren, Arbeitsabläufen und Arbeitszeit und deren Zusammenwirken,

5. unzureichende Qualifikation und Unterweisung der Beschäftigten.

6. psychische Belastungen bei der Arbeit

Abb. 5.1 Beurteilung der Arbeitsbedingungen nach § 5 ArbSchG. (http://www.gesetze-im-internet.de/arbschg/__5.html Aufruf am 03.02.2015)

für die Berufsgenossenschaften als auch für die Betriebe. Daher ist es wichtig zu wissen, was hinter der Auflage steht und welchen Zweck sie verfolgt. Auf Basis der ausführlich dargestellten Modellsicht (siehe Punkt 1.) kann ein Ist-Zustand in einem Unternehmen erhoben werden.

> **Fazit und Tipps**
> Für die praktische Durchführung bieten sich zwei Verfahren an:
> * Für kleinere Betriebe (bis ca. 20 Mitarbeiter): Das strukturierte Interview oder Mitarbeitergespräch
> * Für mittlere und große Betriebe: Die Mitarbeiterbefragung mit Fragebogen oder Online-Verfahren

Für die Ergebnisse aus beiden Verfahren gilt, dass sie einen kontinuierlichen Verbesserungsprozess in Gang setzten sollen, der auch fortlaufend dokumentiert werden muss. Ebendieser Prozess wird im Arbeitsschutzgesetz (§ 3) unter „Grundpflichten des Arbeitgebers" beschrieben (Abb. 5.2).

Abb. 5.2 Qualitätsmanagementansatz im § 3 ArbSchG „Grundpflichten des Arbeitgebers". (http://www.gesetze-im-internet.de/arbschg/__3.html Aufruf am 03.02.2015)

5.2 Das praktische Vorgehen in kleinen und mittleren Betrieben

5.2.1 Der grundlegende Ablauf

An dieser Stelle soll aufgezeigt werden, wie gerade kleinere Betriebe unter ca. 30 Mitarbeiter an diese Informationen und Sichtweisen der Mitarbeiter gelangen können.

Das grundsätzliche Vorgehen ist in den Unternehmen, ob groß oder klein das gleiche. Die BAUA spricht von einer Erfolgstrias (BAUA – Bundesanstalt für Arbeitsschutz und Arbeitsmedizin 2014): **Beobachten – Befragen – Workshops** (Tab. 5.1).

Tab. 5.1 Auslöser/Einzelanlässe für eine Gefährdungsbeurteilung. (Holm und Geray 2012)

„Beobachtete" Auslöser/Einzelanlässe für eine gezielte Analyse
Unfälle sowie Beschwerden durch Beschäftigte („anlassbezogen")
Besondere Arbeitsplatzmerkmale, Mängel in der Gestaltung der betrieblichen Organisation, z. B. in der Umsetzung der Gefährdungsbeurteilung
Branchentypische Faktoren psychischer Belastung
Kampagnen und Schwerpunktaktionen
Hinweise auf psychische Belastung von Beschäftigten

Der nächste Schritt nach einem konkreten Anlass oder auch im Rahmen der Routine ist der Einbezug der Mitarbeiter durch eine Befragung. In Unternehmen mit Mitarbeiterzahlen über 30 empfehlen sich schriftliche oder Onlinebefragungen, ein gutes Modell und Instrument hierzu wird frei zugänglich vom DGB angeboten: Index Gute Arbeit[1] (Abb. 5.3). In den kleineren Betrieben bieten sich so genannte Analyseinterviews an, die z. B. auch im Rahmen der jährlichen Mitarbeitergespräche geführt werden können. In der Praxis hat sich eine Methode sehr bewährt, die zum einen ermöglicht, die Sichtweisen und möglichen Belastungsbereiche der Mitarbeiter zu identifizieren, aber vor allem um eine intensive soziale Beziehung aufzubauen, die von Wertschätzung und Achtsamkeit geprägt ist: **Der anerkennende Erfahrungsaustausch** (DGB 2015).

5.2.2 Der anerkennende Erfahrungsaustausch

Es handelt sich dabei um ein sehr einfaches Verfahren, das in der Hauptsache nach den Stärken (= Arbeitsfähigkeits-Ressourcen) und Schwächen (= Arbeitsfähigkeits-Belastungen) in einem Unternehmen aus der Sicht der Mitarbeiter fragt (Tab. 5.2).

Wichtiger als die Fragen selbst ist die Haltung der Führungskraft, die ein ehrliches Interesse ausdrücken und dem Mitarbeiter Vertrauen signalisieren muss. Nur so können nützliche und aufrichtige Aussagen erwartet werden, die dann in einem gemeinsamen Verbesserungsprozess umgesetzt werden müssen (Punkt 5.2.3).

Zunächst soll die notwendige Einstellung und Haltung der Führungskraft für die Durchführung dieser Analyseinterviews zusammengefasst werden (Tab. 5.3).

Die innere Haltung braucht eine gute Vorbereitung, damit es zu einer authentischen Umsetzung kommt. Um dies wirksam in das Gespräch einbringen zu können, gibt es einige Gesprächsregeln, die in der Praxis eine gute Hilfe darstellen (Tab. 5.4).

Die Inhalte der Gespräche werden stichpunktartig mitnotiert. Dies stellt bereits den ersten Schritt einer systematischen Dokumentation dar, wie sie im Arbeitsschutz immer gefordert ist. Die Ergebnisse aller Gespräche werden dann unter dem Aspekt zusammenfasst, welche Themen, Zustände oder Abläufe von mehreren (vielen) Mitarbeitern angesprochen worden sind – sowohl als Stärken als auch als Schwächen.

Diese Zusammenfassung stellt jetzt den Ausgangspunkt zum entscheidenden Prozess im Betrieb dar, der zeitnah zu den Interviews erfolgen muss.

---

[1] http://index-gute-arbeit.dgb.de.

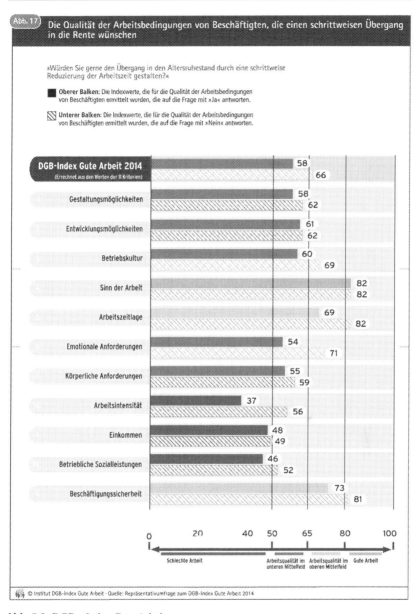

Abb. 5.3 DGB – Index Gute Arbeit

Tab. 5.2 Der anerkennende Erfahrungsaustausch – Fragen nach Stärken und Schwächen

Fragen nach Stärken (Ressourcen)	Fragen nach den Schwächen (Belastungen)
Was gefällt Ihnen bei der Arbeit am besten?	Was belastet und stört Sie?
Was davon am meisten?	Was davon am meisten?
Auf was sind Sie stolz im Unternehmen und bei der Arbeit?	Was würden Sie an meiner Stelle als erstes (ändern) weiter verbessern?
Was sollte sich aus Ihrer Sicht auf keinen Fall ändern, weil es gut ist?	
Was alles gelingt Ihnen regelmäßig besonders gut?	
Was macht aus Ihrer Sicht unsere Organisation für die Gesundheit der Mitarbeiter?	

Tab. 5.3 Der anerkennende Erfahrungsaustausch – Die Haltung der Führungskraft

Die Haltung der Führungskraft
„Ich nehme Dich wahr und bin an Dir als Person interessiert!"
„Ich habe Interesse an Deinen Einschätzungen und Erfahrungen!"
„Ich erkenne Deine Ressourcen und Kompetenzen!"
„Ich anerkenne und schätze das, was Du leistest!"
„Ich (ver)traue Dir (viel zu)!"
„Ich halte Deine Ideen für wichtig und wertvoll!"

Tab. 5.4 Der anerkennende Erfahrungsaustausch – Gesprächsregeln

Gesprächsregeln
Aktives Zuhören statt reden
Zunächst keine Reaktion, außer Verständnis suchen und zeigen
Suggestiv- und Alternativfragen vermeiden
Einfache Fragen, damit der Gesprächspartner frei zum Thema reden kann
Gesprächspausen aushalten
Und Zeit haben, im Sinne von keine vorschnellen Suhlüsse ziehen.

5.2.3 Der gemeinsame Verbesserungsprozess

Egal, ob man nun in einem großen Betrieb eine Mitarbeiterbefragung schriftlich oder online gemacht hat oder in einem kleinen Betrieb ganz gezielte Analyseinterviews geführt hat, es werden sich in jeder Methode bestimmte Themen und Sachverhalte herauskristallisieren, die von den Mitarbeitern als belastend oder störend wahrgenommen werden. Diese Ergebnisse müssen den Mitarbeitern kommuniziert werden. Der größte Fehler, der in diesem Zusammenhang gemacht werden kann, ist die Befragungs- oder Interviewergebnisse nicht transparent zu machen und sie unbearbeitet zu lassen. Bei einer nächsten Befragungs- oder Analysesituation werden die Mitarbeiter sehr verhalten reagieren und sich nicht mehr produktiv in den Prozess einbringen. Zu den einzelnen Prozessschritten gibt es von der Deutschen Gesetzlichen Unfallversicherung (DGUV) einen Leitfaden, der sehr praktikabel beschreibt, wie die Bearbeitung der analysierten Themen ablaufen kann (Berger et al. 2010) (Tab. 5.5).

Tab. 5.5 Der gemeinsame Verbesserungsprozess – Workshop oder Ideentreff

Die Schritte	Die Leitfragen	Die Zeit (min)
Schritt 1: *Ergebnispräsentation* Darstellung der Themenschwerpunkt, die in den Interviews/ Befragungen deutlich wurden	Was war positiv? Was muss verbessert werden?	15–20
Schritt 2: *Ein Hauptthema finden* Aus den Themenschwerpunkten wird ein Thema ausgewählt. Die Auswahl kann durch Abstimmung erfolgen	Welches Thema ist so wichtig, dass es zuerst bearbeitet werden soll?	15
Schritt 3: *Lösungen finden* Jeder Teilnehmer gibt Antworten auf folgende Fragen	Was ist anders, wenn wir unser Ziel erreicht haben? Was kann jeder Einzelne heute und morgen tun, um das Ziel zu erreichen? Was können wir tun, dass es so bleibt? Welche positive und negative Auswirkung hat das Erreichen des Zieles?	30–45
Schritt 4: *Aufgabenblatt erstellen* Das Ergebnis schriftlich festlegen	Wer macht was bis wann? Wer kontrolliert? Wer dokumentiert?	15–20
Die Schritte werden für weitere Themen ggf. in weiteren Treffen wiederholt und ebenfalls dokumentiert		

Fazit und Tipps

Es bietet viele Vorteile, wenn es gelingt, die Themenpunkte und Anliegen mit den Personen zu bearbeiten, die sie bemerkt haben. Oftmals ist hier schon eine Lösung parat, da man sich am Ort des Geschehens schon viel länger mit der Thematik auseinandergesetzt hat (Partizipation). Werden die Ergebnisse der Befragung, die Aufgabenblätter aus den Workshops und die konsequente Umsetzung chronologisch dokumentiert, entspricht dies exakt den Anforderungen aus dem Arbeitsschutz, die in Punkt 3.2 Abb. 3.2 (Qualitätsmanagementansatz) dargestellt wurden. Wichtig ist, dass die bearbeiteten Themen den Merkmalsbereichen der Gefährdungsbeurteilung (Arbeitsumgebung, Arbeitsorganisation, Arbeitsinhalt, Soziale Beziehungen) zugeordnet werden können.

5.3   Umgang mit älteren Mitarbeitern

Eine der größten Herausforderungen der Wirtschaft ist die zunehmend älter werdende Belegschaft. Um adäquate Konzepte entwickeln und umsetzen zu können, ist es wichtig, sich mit dem Alter und seinen speziellen Gegebenheiten intensiv auseinander zu setzen, ohne die es sonst immer wieder zu pauschalierten Einschätzungen und Vorurteilen kommen wird.

Vorherrschende Urteile zu Arbeit und Alter (Laschalt und Möller 2005)

• Es dominiert das Defizitmodell bei der Beurteilung von älteren Personen im Arbeitsprozess.
• Geringe Anpassungsfähigkeit und Flexibilität
• Hohe kollektivvertragliche Löhne
• Erhöhtes Krankheitsrisiko
• Erwartete geringere Belastbarkeit
• Verminderte geistige Flexibilität und Veränderungsbereitschaft, auch geographisch

Gute zusammenfassende Feststellungen zur Situation älterer Arbeitnehmer können aus einer österreichischen Studie aus dem Jahr 2009 (Hoffmann 2009) entnommen werden:

Fehlentwicklungen im Kontext mit älteren Arbeitnehmern

* Missverhältnis zwischen Stressoren/Anforderungen und den vorhandenen Ressourcen
* Ungleichgewicht zwischen Beanspruchung und Erholung
* Weiterentwicklung von älteren Arbeitnehmern ist deprimierend
* Geringe Teilnahme an betrieblichen Gesundheitsfördermaßnahmen

5.3.1   Qualität der Arbeit im Alter

Die Qualität des Arbeitslebens von älteren Mitarbeitern wird in den wenigsten Fällen richtig erfasst. Nachstehend werden nur einige Fakten skizziert, die verdeutlichen sollen, wie wichtig es ist, sich mit der Dimension des Alterns in der Arbeitsorganisation auseinanderzusetzen, um Mitarbeiter zum einen länger im Betrieb zu halten (Motivation), aber auch die Fähigkeiten richtig einzuschätzen und nutzen zu können.

Bei älteren Mitarbeitern muss zwischen der Fachkompetenz und der Daseinskompetenz unterschieden werden. Gerade eine intensive Auseinandersetzung mit bisher wenig bis gar nicht bedachten Eigenschaften kann in einem Unternehmen neue Potentiale freilegen (Baltes und Jacqui 1990).

Die Fachkompetenz älterer Mitarbeiter

* Planung, kausales Denken (z. B. Entwicklung von Strategien zum effektiven Umgang mit neuen beruflichen Anforderungen sowie Personalentwicklung)
* Synthetisches und konzeptuelles Denken (z. B. Identifikation der wichtigen Merkmale eines Arbeitsablaufs)
* Aktive Informationssuche zum besseren Verständnis möglicher Probleme bei einzelnen Arbeitsabläufen und möglicher Ursachen dieser Probleme
* Bedürfnis nach Einflussnahme
* Direkte Einflussnahme (z. B. problem- und ergebnisorientierte Gespräche mit Mitarbeiterinnen und Mitarbeiter)
* Kooperations- und Teamfähigkeit (z. B. Delegation spezifischer Aufgaben und Entscheidungen an Mitarbeiter sowie systematisches Abrufen der erzielten Ergebnisse)
* Symbolische Einflussnahme durch Vorbild-Funktion
* Selbstvertrauen und hohe berufliche Motivation

Die Daseinskompetenz älterer Mitarbeiter

*   Bedeutet Lebenswissen
*   Unterteilung in Faktenwissen (Wissen um Entwicklungsstadien) und Strategiewissen (Selbstreflexivität und Auseinandersetzung mit Entwicklungsaufgaben)
*   Grundlage für die psychische Widerstandskraft – die Resilienz.
*   Gelassenheit im Alter als unternehmerische Produktivität
*   Ergebnisse der Weisheitsforschung des Max-Planck-Institutes Berlin:
    *   – Reiches Faktenwissen
    *   – Reiches Strategiewissen
    *   – Lifespan-Kontextualismus (Einordnung in Lebensphasen)
    *   – Relativismus
    *   – Umgehen mit Ungewissheit
*   Die Bedeutsamkeit der Weitergabe des erworbenen Wissens an die nachfolgenden Generationen.

Die nachfolgenden Lösungsansätze sollen einen ersten Überblick geben, wie bei geeigneter Organisation für beide Seiten – Betrieb wie Mitarbeiter – zufriedenstellende, motivierende und effektive Rahmenbedingungen geschaffen werden können.

Fazit und Tipps
*   Betriebliche Gesundheitsförderung muss an der Umgestaltung der Arbeitsorganisation ansetzen.
*   Verringerung der Stressoren, wie Termin- und Zeitdruck, Organisationsprobleme, Unsicherheit bei Arbeitsaufträgen
*   Verstärkung der Ressourcen, wie
*   Ausbau der Möglichkeiten zur selbständigen Planung,
*   Aufteilung der Aufgaben in der Zeit,
*   mehr Information und Transparenz der Ziele und Abläufe in der Organisation,
*   Verstärkte Förderung des Transfers von erworbenen Qualifikationen,
*   Fertigkeiten und Wissen auf andere Lebensbereiche,
*   betriebliche Fort- und Weiterbildung,
*   mehr Möglichkeiten zur Mitwirkung an operativen Entscheidungen
*   Optimierung der Pausen- und Schichtplangestaltung
*   Verbesserung der (Arbeitsanforderungen) Qualifikationsanforderungen
*   Kooperations- und Kommunikationserfordernisse
*   Kognitive Anforderungen
*   Variabilität und Ganzheitlichkeit der Arbeitsaufträge

Sehr intensiv mit den Themen des Demographischen Wandels und auch mit adäquaten Interventionen hat sich das Forschungsprojekt des BMBF „Werkzeuge für
eine demografieorientierte Personalpolitik"[2] und „Öffentlichkeits- und Marketingstrategie demographischer Wandel"[3] auseinandergesetzt.

5.3.2 Arbeitsmodell im Alter: Selektion, Optimierung und Kompensation

Das SOK/SOC Modell von Baltes und Baltes (Ouwehand et al. 2007) (Model of
Selective Optimization with Compensation) beschreibt Möglichkeiten, um die Einschränkungen und evt. Mängel, die durch das Alter natürlicherweise kommen werden,
proaktiv – also bewusst beeinflussbar – kompensieren und ausgleichen zu können.

Im Gegensatz zu vielen Defizit-, Schonungs- oder Vermeidungsmodellen beschreibt das SOK-Modell eine Interventionsstrategie, die sowohl in die individuelle (Gesundheits-)Arbeit eines jeden Einzelnen, aber vor allem in die Organisationsstrukturen von Betrieben integriert werden kann, um die Herausforderungen, die
mit einer älter werden Belegschaft kommen werden, gezielt angehen zu können.

Selektion von Ressourcen, Zielen und Handlungsergebnissen

- Man wählt Aufgaben genauer aus
- Passt sich an
- Verändert Ziele, Erwartungen, Gewohnheiten, Ansprüche
- Ziele, Ansprüche und Wünsche den vorhandenen Möglichkeiten und der kör-
  perlichen Verfassung anpassen
- Bearbeiten und Aufgeben alter Enttäuschungen und Hoffnungen

Optimierung von Ressourcen

- Man stärkt und nutzt das, was (noch) da ist: vorhandene Reserven, Stärken und
  Handlungsmöglichkeiten.

Kompensation von Ressourcen

- Man schafft und trainiert neue Fertigkeiten. Man sucht bzw. erlernt neue Wege
  und Bewältigungsweisen

---

[2] www.demowerkzeuge.de.
[3] www.demotrans.de.

Fazit und Tipps (Gabriele 2011)
Der 80-jährige Arthur Rubinstein ist in verschiedenen Interviews gefragt worden, wie er immer noch ein so guter Konzertpianist sein könne. Aus seinen Antworten lässt sich das SOK-Prinzip herauslesen:
    Er habe sein Repertoire verringert – also eine Wahl getroffen **(Selektion)**
    Außerdem übe er diese Stücke mehr als früher. **(Optimierung)**
    Und weil er die ausgewählten Stücke nicht mehr so schnell wie früher spielen konnte, hat er noch einen Kunstgriff angewendet: Vor besonders schnellen Passagen verlangsamte er sein Tempo; im Kontrast erschienen diese Passagen dann wieder ausreichend schnell. **(Kompensation)**

5.4   Wandel der Führungsorientierung

Zusammenfassend kann festgehalten werden, dass sich die Ziele des Arbeits- und Gesundheitsschutzes an dem Leitsatz „Gute Arbeit" orientieren. Gerade für viele kleine und mittlere, Inhaber geführte Betriebe wird die Pflege und Wertschätzung der zwischenmenschlichen Beziehung und des passenden Umfeldes für die Mitarbeiter keine neue Errungenschaft darstellen. Es sollte vielmehr versucht werden, die bisherigen Schritte und Abläufe mit den jetzigen Vorschriften abzugleichen und vor allem regelmäßig zu dokumentieren. Nichts anderes fordert die Änderung im Arbeitsschutzgesetz. Gesundheitsförderung im Betrieb muss sich also diesen Gesetzmäßigkeiten anpassen und es darf keine Parallelwelt entwickelt werden, die unter Umständen nur von der Gunst einer (Führungs-)Person abhängt.

Gesundheitsförderung in Betrieben, so wie zukünftig von politischer Seite verstanden, soll ein fester Bestandteil des Unternehmens und in die Organisationsstrukturen übernommen werden.

Den wesentlichsten Beitrag zum Erfolg können die Führungskräfte oder Inhaber liefern, denn von ihnen wird jede Veränderung in Richtung Achtsamkeit für Bedürfnis und Wertschätzung ausgehen. Sie haben es in der Hand wie hoch der Grad der Partizipation, das wesentliche Instrument moderner Unternehmensführung, sein wird.

Die Unterstützung für Unternehmen und Betriebe ist groß. Allen voran bieten gerade die Berufsgenossenschaften sehr viel Aus- und Fortbildung zur Veränderung des Führungs- und Organisationsstils an (siehe Punkt 6.5). Bereits im Jahr 2007 hat der Bundesverband der Unfallkassen (BUK) bereits diesen notwendigen Wandel beschrieben und damit sehr früh einen effektiven Weg der Veränderung

Tab. 5.6 Der Wandel für Führungsorientierung – gestern, heute, morgen Eigene Darstellung nach BUK (2007)

Aufgabenorientierung (gestern)	Mitarbeiterorientierung (heute)	Mitwirkungsorientierung (morgen)
Betriebliche Zielerreichung	Gutes Betriebsklima	Selbstbestimmung
100 % Verantwortung bei Führung	Mittragen von Verantwortung	Erweiterte Handlungsspielräume
Aufgabenerteilung durch Vorgesetzte	Entwicklung von Personen	Übertragung von Kontrollaufgaben
Aufgabenkontrolle durch Vorgesetzte	Empathie und Vertrauen	Weiterqualifizierung
Rückmeldung als Kontrollmechanismus	Persönliche Gespräche	Rückmeldungen prozessorientiert
Kommunikation häufig hierarchisch	Kommunikation kooperativ	Kommunikation kooperativ
Motivation durch Leistung	Motivation durch Zufriedenheit	Motivation durch Verantwortung

und Verbesserung für Betriebs- und Unternehmenskultur eingeschlagen (Bundesverband der Unfallkassen 2007) (Tab. 5.6).

5.5   Kooperation mit den Sozialversicherungen

Sicher ganz oben in den Empfehlungen zum Einstieg steht der Tipp, mit den Sozialversicherungen zu kooperieren. Wie bereits in Punkt 3 dargestellt, können die Angebote der wichtigsten Träger in einer logischen Reihe gesehen werden, die in jedem möglichen Moment zwischen Erhalt der Arbeits- und Leistungsfähigkeit bis hin zur Wiederherstellung und Wiedereingliederung der Mitarbeiter im Krankheitsfall kompetente Hilfe und Unterstützung leisten können.

Die nachstehende Tabelle gibt exemplarisch – ohne Anspruch auf Vollständigkeit – einen Überblick über mögliche Leistungen der Kostenträger, die zur Unterstützung der betrieblichen Gesundheitsarbeit in Anspruch genommen werden können.

Träger	Ansatzpunkt	Instrument, Intervention, Maßnahme	Zielsetzung
Berufsgenossenschaft[a]	Prävention Setting	Workshop Psychische Belastung, Gefährdungsbeurteilung bei psychischen Belastungen Psychische Belastungen im Betrieb erkennen, erfassen und präventiv behandeln	Analyse
	Prävention Setting	Konfliktbewältigung im Arbeitsschutz Rückkehrgespräche – Ursachenanalyse, Information, Motivation Schikane am Arbeitsplatz – Mobbing Sicherheitskultur in Gruppen und Systemen Sprache als Werkzeug	Soziale Beziehungen
	Prävention Setting	Gesundheitsverhalten im Betrieb. Sicherheitskultur in Gruppen und Systemen Erfolgreich unterweisen im Arbeitsschutz Unterweisung – Methodentraining	Unterweisung Mitarbeiter
	Prävention Setting	Gesundheit mit System – Betriebliches Gesundheitsmanagement Demographischer Wandel. Länger gesund arbeiten	Organisation
	Prävention Setting	Gewerke- und Branchenspezifische Schulungen zum Arbeitsschutz	Arbeits-umgebung
	Prävention indirviduell	Workshop: Projekt Gesundheitstag Gesundheitsbewusstes Verhalten fördern – fit for work Gesundheitskompetenzen fördern – Burnout Prävention Suchtmittelkonsum im Betrieb Motivierende Gesprächsführung mit Suchtmittelauffälligen	Verhalten Mitarbeiter
Krankenkassen[b]	Prävention Indiv duell	Reduzierung von Bewegungsmangel durch gesundheitssportliche Aktivität Vorbeugung und Reduzierung spezieller gesundheitlicher Risiken durch geeignete verhaltens- und gesundheitsorientierte Bewegungsprogramme	Verhalten Mitarbeiter

Träger	Ansatzpunkt	Instrument, Intervention, Maßnahme	Zielsetzung
	Prävention Individuell	Vermeidung von Mangel- und Fehlernährung Vermeidung und Reduktion von Übergewicht	Verhalten Mitarbeiter
	Prävention Individuell	Förderung von Stressbewältigungskompetenzen Förderung von Entspannung	Verhalten Mitarbeiter
	Prävention Individuell	Förderung des Nichtrauchens Gesundheitsgerechter Umgang mit Alkohol/Reduzierung des Alkoholkonsums	Verhalten Mitarbeiter
	Prävention Setting	Mögliche Leistungen der Krankenkassen in der betrieblichen Gesundheitsförderung sind: Analyseleistungen (z. B. Arbeitsfähigkeits-,Arbeitssituations- und Altersstrukturanalysen, Befragungen von Mitarbeiterinnen und Mitarbeitern, Durchführung von Workshops u. a. Verfahren) zur Bedarfsermittlung Beratung zur Gestaltung gesundheitsförderlicher Arbeitsbedingungen Beratung zur Ziel- und Konzeptentwicklung sowie zu allen Themen der Beschäftigtengesundheit einschließlich Unterstützungsmöglichkeiten zur Vereinbarkeit von Beruf und Privatleben Unterstützung beim Aufbau eines Projektmanagements Moderation von Arbeitsgruppen, Gesundheitszirkeln und ähnlichen Gremien Qualifizierung/Fortbildung von Multiplikatorinnen und Multiplikatoren in Prävention und Gesundheitsförderung Umsetzung verhaltenspräventiver Maßnahme Interne Öffentlichkeitsarbeit Dokumentation, Evaluation und Qualitätssicherung	Organisation

Träger	Ansatzpunkt	Instrument, Intervention, Maßnahme	Zielsetzung
Rentenversicherung[e]	Prävention Setting	Gesundheitsförderliche Gestaltung von Arbeitstätigkeit und -bedingungen	Organisation
		Gesundheitsgerechte Führung	
		Gesundheitsförderliche Gestaltung betrieblicher Rahmenbedingungen	
		Bewegungsförderliche Umgebung	
		Gesundheitsgerechte Verpflegung im Arbeitsalltag	
		Verhältnisbezogene Suchtprävention im Betrieb	
	Risikogruppen	Patientenschulungen nach § 43 SGB V. z. B.	Therapie Mitarbeiter
		Mobilis[c] – Multimodales Langzeitprogramm (1 Jahr)	
	Risikogruppen	Medizinische Vorsorgeleistungen in anerkannten Kurorten nach § 23 SGB V. z. B. IGM-Campus[d]	Vorsorge Mitarbeiter
	Checkup	Gesundheitsuntersuchungen nach § 25 SGB V	Vorsorge Mitarbeiter
	Therapie	Allgemeine ärztliche und therapeutische Leistungen nach § 2 SGB V	Therapie Mitarbeiter
	Prävention Risikogruppen	Präventionsprogramme nach § 31 Abs. 1 Satz 1 Nr. 2 SGB VI z. B. BETSI[f]-Beschäftigungsfähigkeit teilhabeorientiert sichern (6–12 Mon	Von Krankheit bedrohte Mitarbeiter
	Rehabilitation	Medizinisch beruflich orientierte Rehabilitation (MBOR)	Wieder-herstellung erkrankter Mitarbeiter
		Betriebsärztliche Rehabilitation, z. B. BÄR, Rebe, u. a.	
		Suchtrehabilitation	
	Rehabilitation	Berufliche Rehabilitation – Leistungen zur Teilhabe am Arbeitsleben (LTA), z. B. Umschulungen, Eignungsklärung, Integrationsmaßnahme, Hilfsmittel, finanzielle Hilfen, z. B. Gründungszuschuss	Wieder-Eingliederung Mitarbeiter
	Rehabilitation	Reha Sport und Funktionstraining in Gruppen	Stabilisation nach Reha-verfahren

Träger	Ansatzpunkt	Instrument, Intervention, Maßnahme	Zielsetzung
Agentur für Arbeit[g]	Integration	Menschen mit Behinderung Berufliche Rehabilitation, Berufsorientierung, Berufsvorbereitung, Gleichstellung, finanzielle Hilfen	Integration behinderter Mitarbeiter
Integrationsämter[h]	Integration	Zuschüsse und Darlehen Für Investitionen, Für eine behinderungsgerechte Einrichtung Bei außergewöhnlichen Belastungen. Zu den Ausbildungsgebühren. Zu den Kosten für die Berufsausbildung Eine einmalige Prämie für ein Betriebliches Eingliederungsmanagement	Integration behinderter Mitarbeiter

[a] Beispiele aus den Seminarprogrammen von BG ETEM, BG Bau, VBG, BG RCI der jeweiligen Internetseiten. Aufruf am 07.02.2015

[b] Angebote der gesetzlichen Krankenkassen in Anlehnung an den „Leitfaden Prävention Handlungsfelder und Kriterien des GKV-Spitzenverbandes" zur Umsetzung der §§ 20 und 20a SGB V vom 21. Juni 2000 in der Fassung vom 10. Dezember 2014. www.gkv-spitzenverband.de/media/dokumente/presse/publikationen/Leitfaden_Praevention_2014_barrierefrei.pdf Aufruf am 09.02.2015

[c] www.mobilis-programm.de Aufruf am 09.02.2015

[d] www.igm-campus.de Aufruf am 09.02.2015

[e] www.deutsche-rentenversicherung.de

[f] www.deutsche-rentenversicherung-bayernsued.de. Aufruf am 09.02.2015

[g] www.arbeitsagentur.de/web/content/DE/Unternehmen/index.htm. Aufruf am 09.02.2015

[h] www.integrationsaemter.de/leistungen-an-arbeitgeber/57c42/index.html. Aufruf am 09.02.2015

Fazit und Tipps

Die Möglichkeiten und Leistungen der Kostenträger sind zahlreich und umfassend. Die Grundlage, diese Systematik für den eigenen Betrieb nutzen zu können, ist im Wesentlichen wieder an die inhaltliche Auseinandersetzung mit dem Gesamtmodell (siehe Punkt 2) und an das Wissen um die tatsächliche Situation im Betrieb (Analyse) geknüpft. Nur dann wird es möglich sein, gezielt Interventionen und Unterstützungsleistungen in Anspruch zu nehmen. Als erste Ansprechpartner für einen Betrieb sind zu empfehlen:

- Gemeinsame Servicestellen. www.reha-servicestellen.de
- Firmenservice der Deutschen Rentenversicherung

Literatur

BAUA – Bundesanstalt für Arbeitsschutz und Arbeitsmedizin (Hrsg.) (2014). Gefährdungsbeurteilung psychischer Belastungen: Erfahrungen und Empfehlungen. Berlin. Erich Schmidt Verlag

Holm, M.; Geray, M. (2012). Integration der psychischen Belastungen in die Gefährdungsbeurteilung. Handlungshilfe. Bundesanstalt für Arbeitsschutz und Arbeitsmedizin (BAUA, Hrsg.). ISBN 978–88261–633–0

DGB (2015). Neue Wege im BEM. Der anerkennende Erfahrungsaustausch. www.neue-wege-im-bem.de

Berger, S. et al. (2010). Arbeiten: entspannt, gemeinsam, besser – So geht's mit Ideen-Treffen. Deutsche Gesetzliche Unfallversicherung (DGUV). BGI/GUV-I 7010–1

Laschalt, M; Möller, H. (2005). J.f.Psych., 13, 1/2 (2005), 127–146

P. Hoffmann 2009, Die Qualität des Arbeitslebens von älteren ArbeitnehmerInnen –Ausgewählte Ergebnisse der BAK-Studie, WISO 32 Jg. (2009), Nr. 4

Baltes, Paul B. u. Jacqui Smith (1990): Weisheit und Weisheitsentwicklung. Prolegomena zu einer psychologischen Weisheitstheorie. Zeitschrift für Entwicklungspsychologie und Pädagogische Psychologie, 22 (2), 95–135. S. 115

Carolijn Ouwehand, Denise T.D. de Ridder, Jozien M. Bensing, (2007). A review of successful aging models: Proposing proactive coping as an important additional strategy. Clin. al Psychology Review 2 / 8 / 3–884

Gabriele Wilz (2011). Psychisch gesund alt werden M. Berkung von Ressourcen fw of successful aging models: Proposing proactiveFriedrich-Schiller-Universität Jena Institut für Psychologie Abteilung Klinisch-Psychologische Intervention

Bundesverband der Unfallkassen; 2007: Gesundheitsförderliche Mitarbeiterführung; Kurzinformationen über Forschungsergebnisse zum Arbeits- und Gesundheitsschutz im öffentlichen Dienst, Bundesverband der Unfallkassen 2007/1

Fördermöglichkeiten für kleine und mittlere Unternehmen

6

Es dürfte derzeit in der Bundesrepublik Deutschland kein Thema neben der Gesundheitsförderung geben, das von so vielen Seiten, sprich Fachbereichen, unterstützt und gefördert wird. Jedoch setzt eine Nutzung der Unterstützungsmöglichkeiten voraus, dass der Betrieb oder das Unternehmen sich mit den Zusammenhängen auseinandersetzt und sich vor allem über seine eigene Zielsetzung bzw. Ansatzpunkte im Klaren ist.

Aber auch dieser Prozess wird von Seiten der Politik sehr stark begünstigt. So stehen Förderprogramme gerade für kleine und mittlere Unternehmen zur Verfügung, die Beratungsleistungen durch Spezialisten unterstützen, um diese langfristigen Prozesse in einem Unternehmen wirkungsvoll aufzubauen, zum Beispiel:

- **Gründercoaching Deutschland (GCD)**[1]. Es handelt sich um Fördermittel des Europäischen Sozialfonds (ESF) und wird über die KFW Bank abgewickelt. Es bietet Unterstützung bei wirtschaftliche, finanziellen und organisatorischen Fragen und kommt für Existenzgründer, Unternehmensnachfolger und Junge Unternehmer bis zu 5 Jahre nach Gründung infrage.
- **Unternehmenswert Mensch**[2]: Dies ist ein Förderprogramm, das kleine und mittlere Unternehmen ganzheitlich und niedrigschwellig bei der Gestaltung einer zukunftsgerechten und mitarbeiterorientierten Personalpolitik unterstützt. Gefördert werden Beratungsleistungen in vier Handlungsfeldern: Personalführung, Chancengleichheit & Diversity, Gesundheit, Wissen & Kompetenz. Nach

---

[1] www.kfw.de/inlandsfoerderung/Unternehmen/Gr%C3%BCnden-Erweitern/Finanzierungsangebote/Gr%C3%BCndercoaching-Deutschland-%28GCD%29/. Aufruf am 12.02.2015.

[2] http://www.unternehmens-wert-mensch.de/DE/Startseite/start.de. Aufruf am 12.02.2015.

© Springer Fachmedien Wiesbaden 2016
D. Melchart, S. Gronwald, *Gesundheitsförderung für kleine Unternehmen,*
essentials, DOI 10.1007/978-3-658-11743-6_6

einer erfolgreichen Modellphase wird das Programm ab Sommer 2015 bundesweit angeboten.

Informationen über weitere Fördermöglichkeiten:

- **Die Förderdatenbank** – Förderprogramme und Finanzhilfen des Bundes, der Länder und der EU. www.foerderdatenbank.de
- **Offensive Mittelstand** – www.offensive-mittelstand.de

Was Sie aus diesem Essential mitnehmen können

- Gesundheit und was Gesundheit ausmacht besser verstehen
- Eigenverantwortliches Handeln in Bezug auf die persönliche und betriebliche Gesundheit
- Mit einfachen Mitteln Leistungsfähigkeit, Motivation und Mitarbeiterzufriedenheit steigern
- Den richtigen Partner zur Unterstützung finden

© Springer Fachmedien Wiesbaden 2016
D. Melchart, S. Gronwald, *Gesundheitsförderung für kleine Unternehmen,*
essentials, DOI 10.1007/978-3-658-11743-6

Zum Weiterlesen: Informationsbroschüren und -hinweise

1.1 Gefährdungsbeurteilung psychischer Belastungen

- DGUV (2013). IAG Report 1/2013 Gefährdungsbeurteilung psychischer Belastungen. Tipps zum Einstieg. ISBN (print): 978-3-86423-083-7
- Holm, M.; Geray, M. (2012). Integration der psychischen Belastungen in die Gefährdungsbeurteilung. Handlungshilfe. Bundesanstalt für Arbeitsschutz und Arbeitsmedizin (BAUA, Hrsg.). ISBN 978-88261-633-0
- Unfallkasse des Bundes (2014). Was stresst? Gefährdungsbeurteilung psychischer Belastung – Eine Handlungshilfe. UKB 9.
- Unfallkasse des Bundes (2013). Gute Fragen für mehr Gesundheit. Die Mitarbeiterbefragung der Unfallkasse des Bundes für ein fundiertes Betriebliches Gesundheitsmanagement. UKB 7.
- INQA (2014): Der Leitfaden zum Screening Gesundes Arbeiten – SGA. Physische und psychische Gefährdungen erkennen – gesünder arbeiten. www.screening-gesundes-arbeiten.de
- Paridon, H. (2013). Gefährdungsbeurteilungen psychischer Belastungen-Tipps zum Einstieg. Institut für Arbeit und Gesundheit der Deutschen Gesetzlichen Unfallversicherung (IAG). ISBN 978-386423-083-7
- Morschhäuser, M; Matthäi, I. (2012). Leitfaden zur Arbeitsplatzbeobachtung. Institut für Sozialforschung und Sozialwirtschaft e. V. Saarbrücken

1.2 Praktische Umsetzung

- INQA (2015). Kein Stress mit dem Stress. Ein Einführungsseminar für Fach- und Führungskräfte Gesundheit. www.psyga.info
- INQA (2014). Führungskultur im Wandel. Kulturstudie mit 400 Tiefeninterviews. www.forum-gute-fuehrung.de

© Springer Fachmedien Wiesbaden 2016
D. Melchart, S. Gronwald, *Gesundheitsförderung für kleine Unternehmen,*
essentials, DOI 10.1007/978-3-658-11743-6

- Berger, S. et al. (2010). Arbeiten: entspannt, gemeinsam, besser – So geht's mit Ideen-Treffen. Deutsche Gesetzliche Unfallversicherung (DGUV). BGI/GUV-I 7010-1
- Gemeinsame Deutsche Arbeitsschutzstrategie (2012). Leitlinie Beratung und Überwachung bei psychischer Belastung am Arbeitsplatz. Nationale Arbeitsschutzkonferenz, Geschäftsstelle der Nationalen Arbeitsschutzkonferenz. www. gda-portal.de.
- Stadler, P., Spieß, E. (2002): Mitarbeiterorientiertes Führen und soziale Unterstützung am Arbeitsplatz – Checklisten Seite 14–17. Schriftenreihe der Bundesanstalt für Arbeitsschutz und Arbeitsmedizin (BAUA), Friedrich-Henkel-Weg 1-25, D-44149 Dortmund.
- BKK Bundesverband (2012). Eine Handlungshilfe für Beschäftigte. Kein Stress mit dem Stress. Praxishilfe Beschäftigte. www.psyga-transfer.de.
- Bökenheide, T. (2009). Anerkennender Erfahrungsaustausch – Das Instrument für Führungskräfte. Bertelsmann Stiftung. Fachkonferenz „Anerkennung und Vertrauen als Wettbewerbsfaktoren in unsicheren Zeiten" 18.–19. März 2009, Frankfurt/Main
- DGB (2015). Neue Wege im BEM. Der anerkennende Erfahrungsaustausch. www.neue-wege-im-bem.de
- Hansmann, T. (2012). Der „Anerkennende Erfahrungsaustausch" – mit Anmerkungen aus systemisch-konstruktivistischer Perspektive – Ein Beitrag zum gesundheitsförderlichen Management. http://www.systworks.com/_downloads/ Anerkennender_Erfahrungsaustausch.pdf
- LAGESA: www.lebenslang-gesund-arbeiten.de
- BMBF-Forschungsprojekt. Werkzeuge für eine demografieorientierte Personalpolitik. www.demowerkzeuge.de.
- BMBF-Forschungsprojekt. Öffentlichkeits- und Marketingstrategie demographischer Wandel. www.demotrans.de.

1.3 Weiterführende Literatur und Veröffentlichungen

- Badura, B.; Steinke, M.; 2011: Die erschöpfte Arbeitswelt. Sonderdruck der Bertelsmann Stiftung Gütersloh
- Badura, B. et al. 2012: Fehlzeiten Report 2012. Springer Verlag Berlin Heidelberg. ISBN-13: 978-3-642-29200-2
- Becker, P. (2006). Gesundheit durch Bedürfnisbefriedigung. Hogrefe Verlag Göttingen. ISBN: 3-8017-2029-2.
- Bundesverband der Unfallkassen; 2007: Gesundheitsförderliche Mitarbeiterführung; Kurzinformationen über Forschungsergebnisse zum Arbeits- und

Gesundheitsschutz im öffentlichen Dienst, Bundesverband der Unfallkassen 2007/1

- Bundesministerium für Gesundheit (2014). Entwurf eines Gesetzes zur Stärkung der Gesundheitsförderung und der Prävention (Präventionsgesetz – PrävG). http://www.bmg.bund.de/fileadmin/dateien/Downloads/P/Praeventionsgesetz/141217_Gesetzentwurf_Praeventionsgesetz.pdf.
- Gemeinsame Deutsche Arbeitsschutzstrategie (2011). Leitlinie Gefährdungsbeurteilung und Dokumentation Nationale Arbeitsschutzkonferenz, Geschäftsstelle der Nationalen Arbeitsschutzkonferenz.
- Melchart, D. (2003). Theoretische Modelle von Salutogenese und Pathogenese – Gesundheit zwischen Wissenschaft und Kunst. Verbundprojekt „Hochschulen für Gesundheit" Druck: Hochschule Magdeburg-Stendal (FH) Magdeburg. März 2003 http://www.system2teach.de/hfg/re_ressources/2683/Salutogenese-Pathogenese.pdf
- Pauls, Helmut (2013). Das biopsychosoziale Modell – Herkunft und Aktualität. Resonanzen. E-Journal für Biopsychosoziale Dialoge in Psychotherapie, Supervision und Beratung, 1(1), 15–31. Zugriff am 15.05.2013. ISSN: 2307-8863
- Treier, M. (2015). Betriebliches Arbeitsfähigkeitsmanagement: Mehr als nur Gesundheitsförderung (essentials). Springer. ISBN: 978-3658085704.
- Treier, M. (2014). Gefährdungsbeurteilung psychischer Belastungen (essentials). Springer. ISBN 978-3658080181.
- Wühr, E. (2011). Systemische Medizin. Verlag Systemische Medizin. Bad Kötzting. ISBN 978-86401-000-2
- Steinke, M.; Badura, B. (2011). Präsentismus – Ein Review zum Stand der Forschung. Bundesanstalt für Arbeitsschutz und Arbeitsmedizin ISBN 978-3-88261-126-7
- Tempel, J.; Ilmarinen, J. (2013). Arbeitsleben 2025 VSA Verlag; ISBN 976-3-89965-464-6
- Uhle, T.; Treier, M. 2011: Betriebliches Gesundheitsmanagement. Springer Verlag Berlin Heidelberg New York. ISBN-13 978-3-540-95933-5
- Ulich, E.; Wüster, M. 2010: Gesundheitsmanagement in Unternehmen. Gabler Verlag. Springer Fachmedien Wiesbaden GmbH. ISBN 978-3-8349-2545-9

Printed in the United States
By Bookmasters